歴史文化ライブラリー

406

高 師直

室町新秩序の創造者

亀田俊和

吉川弘文館

目　次

高師直は悪玉か——プロローグ

高師直に、読者のみなさんはどのようなイメージを持たれているであろうか。

高師直悪玉史観

おそらく神仏や皇室・貴族などの伝統的な権威を徹底的に軽視し、非道徳的で極悪非道な所業も数多く、おまけに好色淫乱、要するに最低最悪の人物であるといった評価が一般には流布しているのではないだろうか。そこまで極端に悪くなくとも、少なくともいい印象はあまり持たれていないであろう。

いや、師直が活躍した南北朝時代自体が、特に戦後は不人気な時代となった。おまけに高校日本史では高師直はいちおう出てくるが、現在日本史自体が高校の必修科目ではない。

そのため、そもそも高師直という人物の存在すらご存じない方も多いようである。

高師直をまったく知らないで本書を手にとった方々のために、彼に関する辞書的な説明を施しておこう。

高師直。生年不詳。南北朝時代の武将。室町幕府初代将軍足利尊氏の執事。南朝の北畠顕家や楠木正行等の有力武将を撃破し、幕府の覇権確立に貢献する。しかし、尊氏の弟直義と対立した。観応元年（一三五〇）、両者の抗争は「観応の擾乱」と呼ばれる幕府の内紛に発展した。そして直義に敗北し、翌年二月に摂津国武庫川辺で殺害された。伝統的な権威を怖れず、道徳を軽んじ、数々の悪行で知られる。要するに高師直とは北畠・楠木といった南朝忠臣の好敵手であり、特に南朝が正統とされていた戦前には日本史上有数の悪人とされていたのである。

歴史的事実として確定している師直の事績はさておき、彼の人間性に対するこのようなさんざんな評価が定着した理由は何であろうか。

実は師直の奔放な言動に言及する史料は、本論で詳述するように軍記物『太平記』くらいしかない。一方ではこれも本論で述べるように、『太平記』には武家の故実に詳しく人望の篤い武将として師直を描く逸話も収録されているのであるが、ともかく一般的な師直像の形成に『太平記』が果たした役割は非常に大きいと言える。

しかも江戸時代、浄瑠璃や歌舞伎の脚本家たちは、かの有名な赤穂事件を題材にした『仮名手本忠臣蔵』において、事件の舞台を南北朝時代に設定し、浪士の敵討ちの対象であった吉良上野介を高師直とした。これは作家たちが江戸幕府批判による当局の取り締まりを恐れたためであるが、この影響で師直が悪人であるという世間一般の評価がますます定着したのである。

そして明治以降になると南朝正統史観が確定的となり、それは時を追うごとに強化され、昭和初期には皇国史観として結実した。それにともなって南朝の宿敵である足利尊氏が日本史上最大最悪の逆賊とされるにおよんで、彼の悪行を支えた家臣師直の評価も当然最低のものとなった。ただし皇国史観を集大成した平泉澄は、師直の武将・政治家としての能力に関しては「中々のやりて」と肯定的な評価を下しており（『少年日本史』時事通信社、一九七〇年）、この点は注目するべきであろう。

中村直勝の高師直論

こうした中で、一般的な師直に対する評価と一線を画するのが中村直勝の高師直論である。中村によれば、足利尊氏は弟直義を表面に立て、直義に強引に引きずられたかのように体面を装って室町幕府を樹立した。そのため、直義が事実上の幕府の指揮者であるように見え始めた。ここから先は直接引用しよう。

直義は、そこをよく知っておるから、図外れた横暴を敢てやり、尊氏を蔑ろにすることが、一再ならずあった。尊氏の部下の中にも、直義の挙動を快しとせざる将兵がおった。その頂点に高師直師泰がおる。（中略）そうした三者の関係から、師直は尊氏の片腕となって、直義を牽制することに努めた（『日本古文書学　上』角川書店、一九七一年）。

中村直勝の理解では、悪逆非道であったのはむしろ足利直義であり、高師直は幕府を将軍中心とする本来のあり方に戻すために奮闘した正義の人になっている。彼は平泉澄と同世代の研究者で、南朝を賞賛する論文や著書も多数出している。そうした背景も踏まえると、彼の師直評はきわめて好意的かつ高いと言えるであろう。しかし、こうした見方が異色で少数派であったことは否めない。

佐藤進一氏の高師直論

敗戦によって、従来の歴史観は劇的に転換した。それまで忠臣とされてきた楠木正成は悪党とされた。建武政権に関しては、反動・復古の政権とする評価と急進・革命的な側面に注目する対照的な学説が出現したが、いずれも皇国史観とは正反対にその専制的な要素が否定的に強調された。それは、いわゆる

「綸旨万能主義」論に象徴される。そして足利尊氏も一定の再評価を受けた。しかし、にもかかわらず、師直の評価はまったく好転しなかったのである。

その大きな理由として、戦後の南北朝時代政治史の根本的枠組みを作った佐藤進一氏が、師直の政敵であった足利直義を高く評価したことが挙げられると思う。もちろん単純にそれだけが理由ではないのだが、一九六〇年代以降、室町幕府機構における直義の地位や権限に関する研究が大いに進展した。その結果、直義は誠実に政治に取り組み、鎌倉以来の伝統的秩序の維持に腐心した政治家として、一定の肯定的な評価が定着することとなった。となると、そんな直義と対立し、観応の擾乱を引き起こした師直の評価は当然否定的になる。公平で正しい政治を実現しようとする直義を邪魔し、秩序を乱して内乱を長期化させた悪の権化。意識的にも無意識的にも、師直はそういう文脈で語られることとなる。以降、佐藤氏の見解に対する部分的な批判は時折出現した。要するに佐藤説は極論で、直義と師直の対立軸を過度に強調しているというのである。だが根本的枠組みを崩すには至らず、同説は基本的には定説として現在も健在である。

結局、時代と歴史観はめまぐるしく変遷したが、師直に対するネガティヴな評価はほとんど変わらなかったのである。本書では、現代なお師直を否定的にとらえる歴史観を「高師直悪玉史観」と名づけたい。なお直義と師直の対立に関する佐藤氏の所説については、エピローグでもう少し詳しく説明して検討しよう。

師直像の再検討を目指す

近年は、高師直悪玉史観に対する疑義も徐々に呈されつつある。たとえば『角川　新版　日本史辞典』（角川書店、一九九六年）の「高師直」項には、「『太平記』には師直の悪逆ぶりが述べられるが、検討を要する」と記されている。

しかし、ここにはただ「検討を要する」とあるのみで、検討を行った結果については一切述べられていない。確実な史料に基づいて新しい高師直像を明確に打ち出さなければ、問題のある定説を克服したことにはならないであろう。

本書は、現代においては一般に著名と言えない高師直という歴史的人物を紹介すると同時に、彼を再評価し、その悪玉史観を覆すささやかな試みでもある。結論を先に言えば、以下のとおりとなる。

高師直が武将として優れた力量を有していたこと自体は、従来から知られていた。師直を戦争に弱いと評する者は、おそらくはかつても存在しなかったであろう。否、強すぎるからこそ彼は忌み嫌われていたのである。

だが師直の真価は、政治家・行政官として幕政機構の改革を断行したことである。彼が創始した執事施行状(しぎょうじょう)なる公文書は、将軍の命令、特に恩賞充行(おんしょうあておこない／あてがい)の実現に有効であったため、武士の室町幕府に対する求心力を維持・強化することに役立ち、彼の死後も存続した。執事施行状は後に管領(かんれい)施行状に発展し、執事の後身である管領の根幹を占める文書となった。そして管領制度は、応仁(おうにん)・文明(ぶんめい)の乱に至るまでの室町幕府機構の基軸となったのである。

軍事面だけではなく、政治・行政の側面から政権基盤の確立に一定の貢献を果たし、後世まで幕府の組織・制度面に足跡を残した点において、高師直は卓越した真の改革者として高く評価できる。また当時の武将としては豊かな教養を持ち、神仏を篤く敬う精神も有していた。決して無学で粗暴な人物ではなかったのである。

以上が筆者の見解である。この見解を裏づけるために、早速本論に入ろう。

師直の先祖たち

清和源氏―足利氏への臣従

本書の主人公である高師直が出現するまでの高氏は、どのような歴史をたどってきたのであろうか。

高氏の諸系図

高氏の系図には、『清源寺本高階系図』（『近代足利市史　第三巻　史料編』）・『高階氏系図』（『群書類従』巻第六二）・『高階氏系図』（『続群書類従』巻第一七四）・『尊卑分脈』などがある。

これらの系図は記述が互いに相違している部分が多く、また同じ系図でも年代的に不自然なところがある問題なども含む。しかし、それらの異同や考証をすべて述べるのは煩雑であるし、師直の伝記である本書の趣旨ともずれるであろう。

系図1　高氏略系図①

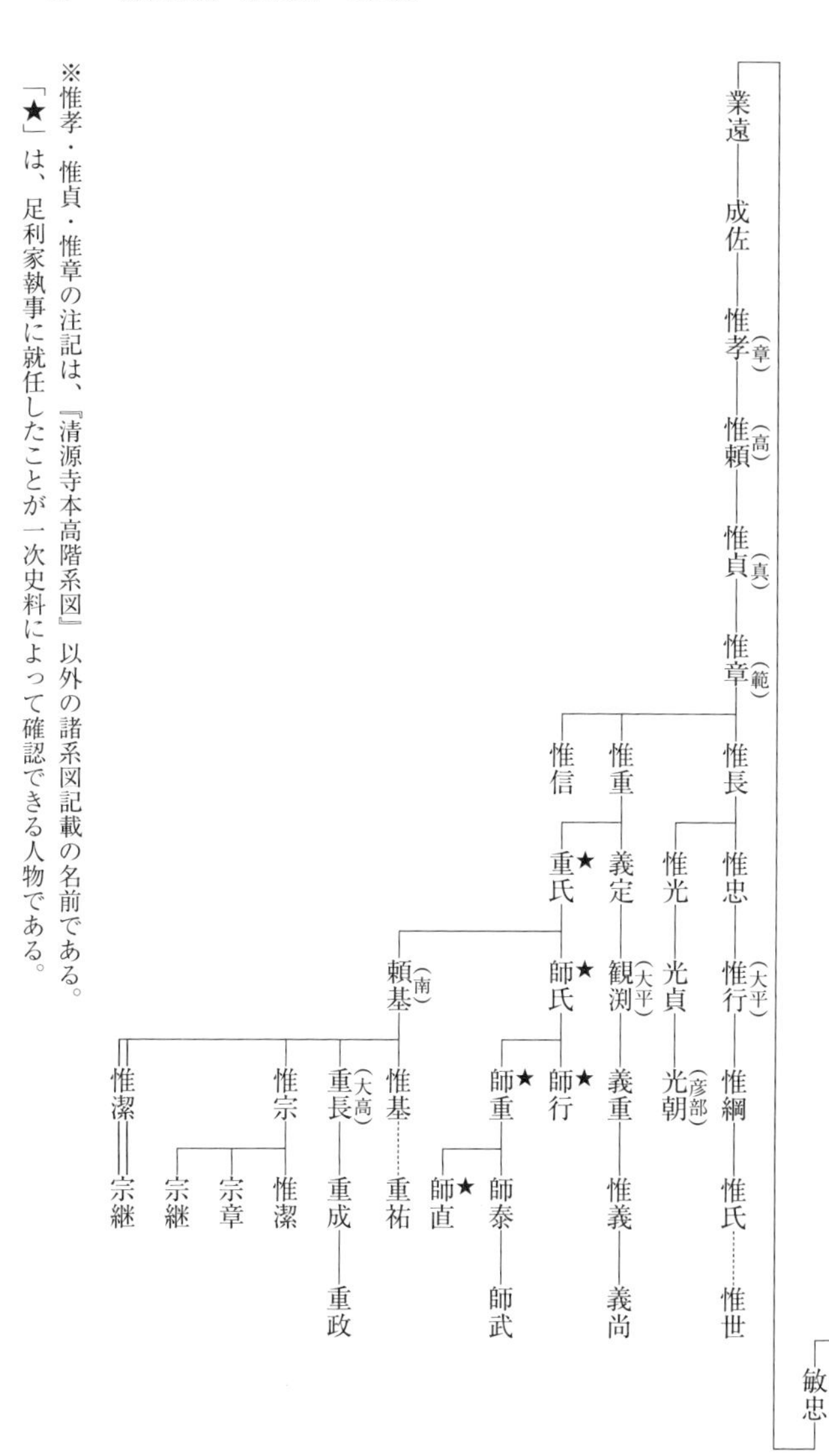

※惟孝・惟貞・惟章の注記は、『清源寺本高階系図』以外の諸系図記載の名前である。
「★」は、足利家執事に就任したことが一次史料によって確認できる人物である。

図1　清源寺南宗継五輪塔

さしあたり、南宗継が開基である同氏の菩提寺で、栃木県足利市に現存する清源寺が所蔵していた『清源寺本高階系図』が比較的信頼度が高いとされる。そこで以下、この系図を『清源寺本』と略し、基本的にはこれに依拠しながら論述を進めたい。なお南宗継とは高氏庶流の武将で、南北朝初期に嫡流とともに足利尊氏に従って活躍した。本書でも後に時折登場する。

天武天皇と長屋王

高師直の先祖は、天武天皇とされている。六七二年に壬申の乱を起こして甥大友皇子を倒して即位し、古代律令国家の基礎を固めたこの天皇についてはよく知られているであろう。彼の孫が、左大臣として奈良時代初期の朝廷を主導して三世一身の法を制定するなどしたが、藤原四兄弟との政争に敗北して自殺した長屋王である。

その後、長屋王五世の峯緒王が、承和一一年（八四四）に氏姓「高階真人」を賜って臣籍降下した。高階氏は、平安時代には国司・受領や摂関家の家司を務める中級貴族として活躍した。

源家累代の執権

高階成忠のとき、高階氏は姓を「真人」から「朝臣」に改めている。正暦二年（九九一）九月のことである。諸系図では、成忠の弟敏忠の子孫から高師直が出現するとされている。それでは、この一族が清和源氏と関係を持つのはいつの頃からであろうか。

『太平記』には、「八幡殿（源義家）より以来、源家累代の執権として、武功天下に顕れたる高武蔵守師直」、「累祖義家朝臣、天下の武将たりしより以来、汝（高師直）が累祖、当家累代の家僕として未曽一日も主従の礼儀を乱らず」とある（それぞれ巻第二六・二七）。少なくとも『太平記』が作成された南北朝時代には、「高一族は八幡太郎源義家の頃から代々清和源氏の執事を務めた」と認識されていたのである。

系図を見ると、高階敏忠の曽孫とされる惟孝に「母河内守源朝（頼）信朝臣女」の注記がある。『清源寺本』以外の系図では、この人物は「惟章」とされ、源頼義の妹が母とされ

系図2　清和源氏―足利氏略系図

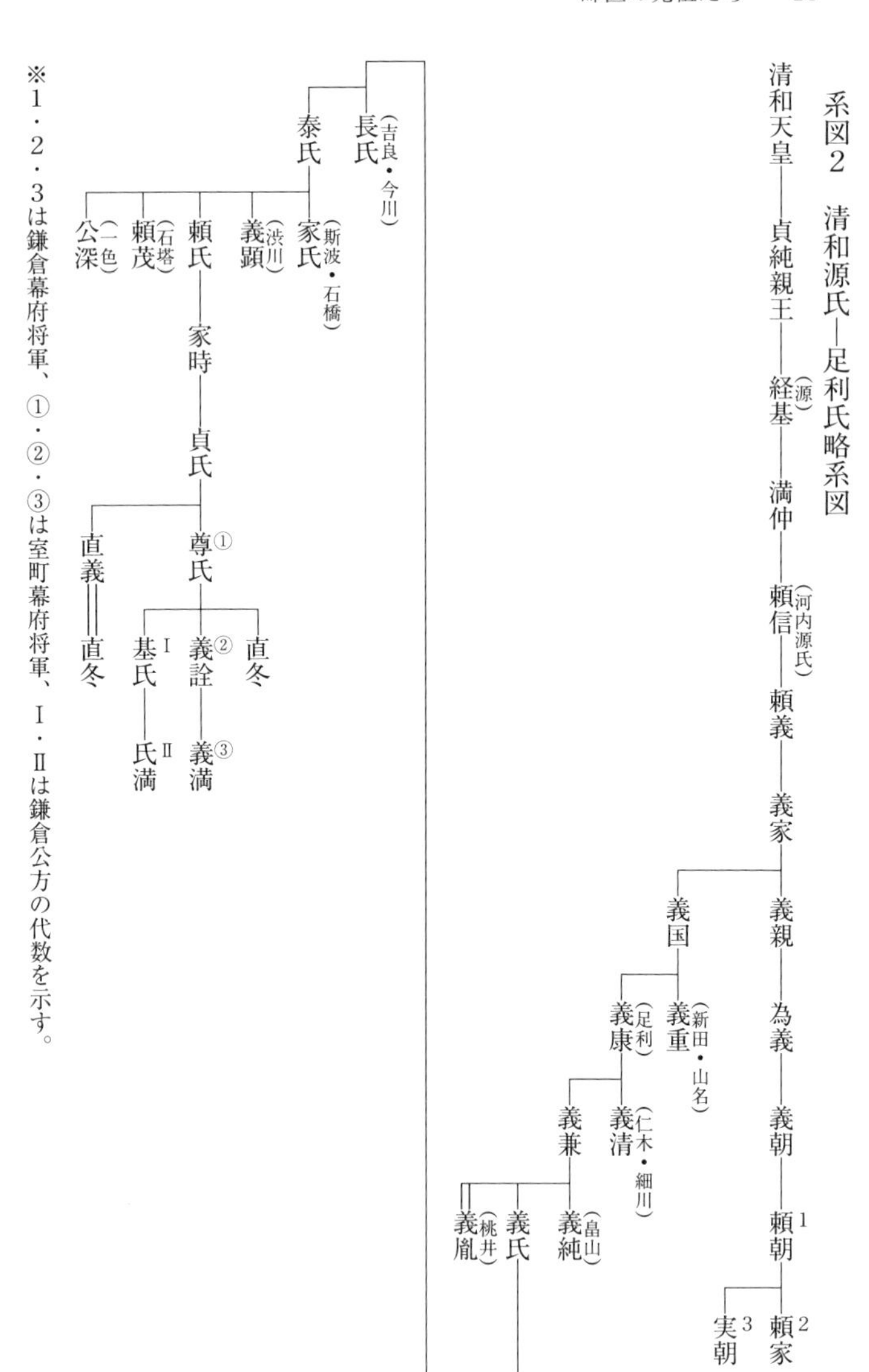

※1・2・3は鎌倉幕府将軍、①・②・③は室町幕府将軍、Ⅰ・Ⅱは鎌倉公方の代数を示す。

る。表現が異なるだけで、母を源頼義の妹とする点については一致している。この頃、清和源氏との間に婚姻関係が生じたらしい。惟孝は河内守を務めたとされる。

源頼義の「副将軍」高惟頼

高階惟孝の子惟頼に、「武家始大高太（大）夫従五位下」「高新太（大）夫」とある。惟頼から武士として源氏に臣従したようである。「高」を名乗ったのもこの頃からであるらしい。

『清源寺本』にはさらに、高惟頼が前九年合戦と後三年合戦に従軍し、特に前九年の際には源頼義の副将軍を務めたと記されている。「副将軍」とはさすがに誇張である。しかし、『奥州後三年記』に源義家の郎等として「高七」なる人物が見える。『清源寺本』には惟頼の孫惟章に高七の注記があるが、年齢的に合わない。が、ともかく高一族が源氏に従って前九年と後三年に参加した可能性は高いと言えそうだ。

以上系図に従う限り、高氏が源氏と結びついたのは義家期とする南北朝期の所伝をさらに遡り、彼の父頼義の頃からというのが答えとなる。ただし、この時点で高氏が源氏の執権あるいは執事の職を務めていたとまではさすがに考えられない。

なお『清源寺本』以外の諸系図には、高惟頼は実は源義家の四男であると記されている。『続群書類従』と『尊卑分脈』では、彼が三歳のときに惟孝の養子となったとある。真偽は不明であるが、源氏と高氏がいかに密接な関係を築いていたかが窺えよう。

足利氏の守護神高惟貞

高惟頼の子は、惟貞（他の諸系図では惟真）である。母親は源頼義の娘で、後冷泉天皇の上臈女房であったという。高新太郎または南田舎太郎と称したらしい（他の諸系図では高新五郎など）。

注目するべきは、この高惟貞の代になって初めて足利氏と高氏の関係が生じたことである。それは、以下に述べる事情によったとされる。

久安六年（一一五〇）、源義家の子義国は京都で宮中に参内する途中、右大将藤原実能の行列と出くわし、トラブルを起こして実能の従者によって馬から引きずり下ろされた。これに激怒した義国の部下が、実能邸を焼き払ってしまった。この事件で源義国は鳥羽法皇直々の処罰を受け、京都を追放されて足利氏の本領として有名な下野国足利荘に下った。やがて、義国の子義康が足利荘を相続して足利氏の祖となる。

前述のごとく高惟貞の母は源頼義の娘であったが、彼女は甥にあたる源義国の乳母でもあった。その縁で、惟貞は義国の足利下向に従ったとのことである（以上、『清源寺本』）。

一方下野国には、かつて藤原秀郷という伝説の武人がいた。あの平将門を倒した世に名高い武将である。平安時代、秀郷の子孫は北関東を中心に繁栄し、小山氏・結城氏などの大豪族を輩出した。藤原姓の足利氏もその一派で、このいわゆる藤姓足利氏は全盛期には足利郡司として数千町歩の田畑を保有し「郡内の棟梁」とも呼ばれ、小山氏と下野の「両虎」と称されていた。しかし下向以前から源義国が足利荘やその周辺の開発を進めていたため、源藤両足利氏の利害は真っ向から衝突し、激しく争うこととなった。

両足利氏は訴訟で長年対立したが、武力抗争も起こしたらしい。諸系図には、高惟貞が夜討ちによって足利荘で戦死したことが記されている。この戦いの原因として、惟貞の伯母に懸想した藤姓足利俊綱が、彼女が那須氏と結婚したことに激怒したためとする伝承もある（『彦部家譜』）。真偽は不明であるが、藤姓足利氏の襲撃に言及している点は注目に値する。少なくとも、彼の戦死が源藤両足利氏の衝突と密接に関係していることは確かであろう。

『清源寺本』以外の諸系図によれば、死後高惟貞は堀内の五霊宮（御霊宮）として祀られたそうである。すなわち、惟貞は源姓足利氏の屋敷（のちの鑁阿寺）の守護神になったとされるのである。源姓足利氏にとって、彼の戦死が重要な意味を持っていたことが窺える。

この五霊宮は、現在も鑁阿寺の西北の角に存在する。現在は「御霊屋」と呼ばれ、江戸

図２　鑁阿寺御霊屋

幕府一一代将軍徳川家斉が再建した朱塗りの建物で、栃木県指定文化財となっている。奥には源義国—足利義康父子の墓が安置され、直接的には彼らの霊廟(れいびょう)である。だが、少なくともかつて惟貞が合祀(ごうし)されていた可能性は十分に考えられるであろう。

ちなみに後年の源平(げんぺい)争乱、いわゆる治承(じしょう)・寿永(じゅえい)の内乱に際し、源姓の足利義兼がいちはやく源頼朝の味方となったのに対し、藤姓の足利俊綱—忠綱(ただつな)父子は平家(へいけ)方として戦った。そのため藤姓足利氏は滅亡してしまうのである。

鎌倉幕府草創期の高氏

高惟貞が討たれたとき、彼の妻であった那須清文(きよぶみ)の妹は子を胎内に宿していた。

これが惟章（他の諸系図では惟範）である。『清源寺本』に記載された彼の事績で目をひくのが、長寛年間（一一六三〜六五）、足利太郎（俊綱カ）が改易された後をうけて、八条院暲子内親王（鳥羽天皇皇女）から足利荘下司職に補任されたことである。この職は「本補地頭」と記されており、高氏は自らを足利荘の地頭と位置づけていた形跡がある。

高惟章には、惟長・惟重・惟信などの子息がいた。彼らの世代は治承・寿永の内乱期にあたり、鎌倉幕府草創の時代であった。

足利義康の子義清（仁木氏・細川氏の祖）は、木曽義仲とともに平家軍を撃破して京都に攻め込む。高惟長・惟信兄弟は義清に従っていた。寿永二年（一一八三）閏一〇月、義仲軍は備中国水島で平家軍に大敗する。この合戦で大将軍を務めていた足利義清は戦死し、惟長・惟信も討たれる（『清源寺本』）。

『清源寺本』以外の諸系図では、足利義兼の推薦によって源頼朝から惟長が陸奥国忍（信夫）郡を拝領したと記されている。高師泰（師直兄）の次男師武の子孫とされる長州藩士国司氏には、惟長の信夫郡拝領は寿永三年二月七日の摂津国一ノ谷の戦いで挙げた勲功によるとする伝承が伝わり、元暦元年（一一八四）八月二日付源頼朝下文の写も伝わる（『萩藩閥閲録』巻一五之一）。

だが、これは惟長が前年の水島の戦いで戦死したとする『清源寺本』の記述と矛盾する。また頼朝下文写の様式にも疑問がある。つまり信憑性の低い所伝であるが、ともかく紹介しておこう。なお、惟長の子孫が高氏の庶流大平(おおひら)氏・彦部(ひこべ)氏である。

結果的に高氏の嫡流となるのは、惟重の系統である。文治五年（一一八九）、源頼朝が奥州藤原氏を滅ぼした戦争で、高惟重は先陣を務めて軍忠(ぐんちゅう)を挙げた。和泉(いずみ)国放光寺(ほうこうじ)領主であった。承久(じょうきゅう)三年（一二二一）に起こった承久の乱に際し、惟重は宇治川で戦死した。六〇歳であったという。

なお『清源寺本』以外の諸系図は惟長と惟重を兄弟ではなく親子とし、一般にはこれが定説とされているようだ。しかし詳しい考証は省略するが、親子だと年齢的に合わない模様なので、『清源寺本』が述べる兄弟が正しいと思われる。

足利家執事

師直の曽祖父高重氏

高惟重の子は、義定（よしさだ）・重氏（しげうじ）である。義定は、承久の乱における父の勲功により、鎌倉幕府から近江（おうみ）国栗太（くりた）郡辺曽（へそ）村（現滋賀県栗東市綣（へそ）カ）を恩賞として拝領した。

高義定の弟重氏が高氏宗家となった。高師直の曽祖父にあたる人物である。法名を重円（ちょうえん）といい、「松本（まつもと）入道」と称していた。松本は足利荘内にある地名であり、高氏はここを所領として屋敷も構えていたと推定される。

重氏は、前述の兄義定が恩賞として拝領した近江国辺曽村も義定後家から譲り受けて知行した。そして正嘉元年（一二五七）五月一九日付六代将軍宗尊（むねたか）親王家政所（まんどころ）下文によって、辺曽村の所領安堵を受けたとのことである。

また、これに先だつ宝治元年（一二四七）、鎌倉幕府の有力御家人三浦泰村の一族が五代執権北条時頼に滅ぼされた。いわゆる宝治合戦で、高重氏はこの戦いで手柄を挙げたとされる（以上、『清源寺本』）。

鎌倉時代の足利氏の統治機構

一次史料から高氏が足利家執事であったと確実に論証できるのは、高重氏からである。それを紹介する前に理解を容易にするため、まずは鎌倉時代の足利氏の統治機構について述べたい。

周知のごとく、足利氏は清和源氏の血統を誇った貴種である。鎌倉幕府屈指の有力御家人で、全国に散在する膨大な所領を有し、多数の被官を抱えていた。そのため、特に鎌倉中期以降、同氏は得宗北条氏に匹敵する規模の家政機関や訴訟機関を整備し、所領を経営して被官を統率していた。

その構成について、最新の山田敏恭氏の見解に主に従うと、足利氏は鎌倉に家政機関である「政所」、訴訟機関の「奉行所」、被官を統制する「御内侍所」を設置していた。そして同氏の本領である下野国足利荘と、同氏が守護を務めて第二の本領と言える三河国の額田郡に「公文所」を設置していた。

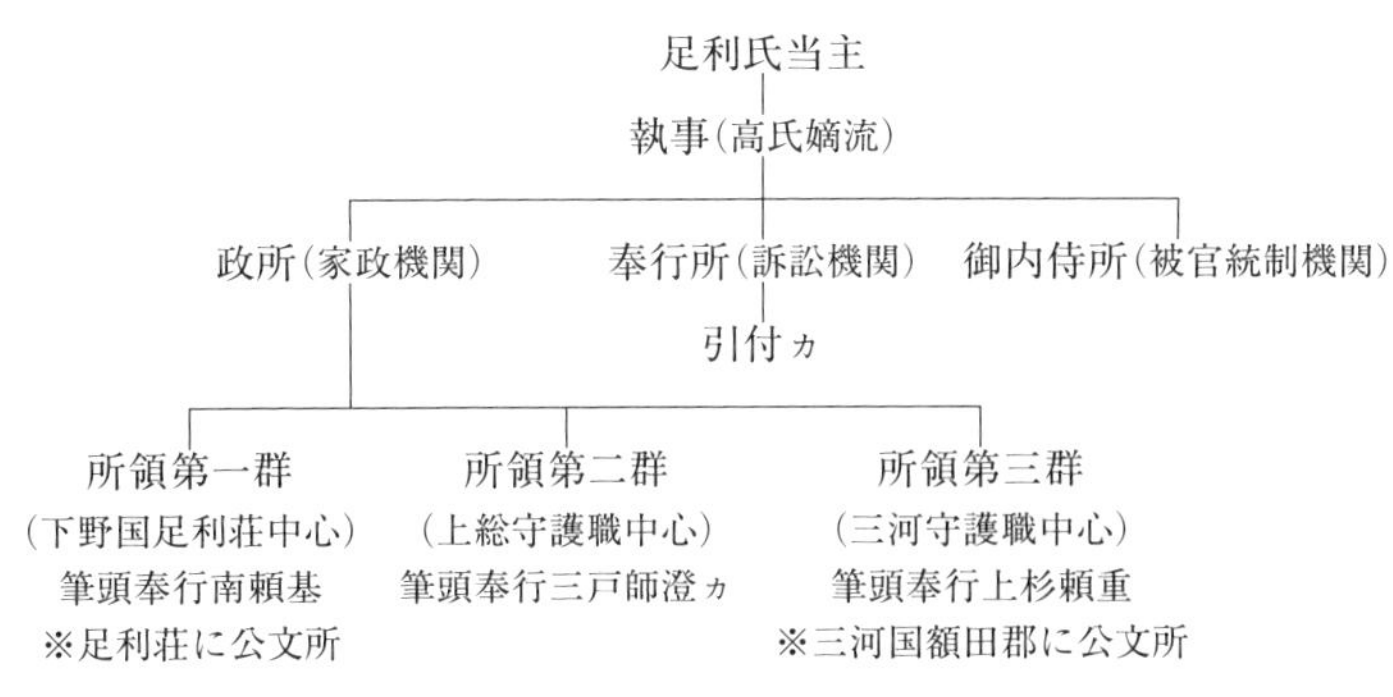

図３　鎌倉時代の足利氏統治機構図

政所では所領群を三つに分け、それぞれ奉行人を配して経営を担当させた（以上、足利氏所領奉行人注文写、東北大学附属図書館所蔵倉持文書）。

足利家執事奉書

高氏嫡流はこれらの機関を統轄する立場にあり、鎌倉において足利家当主の意を承けて所領や被官等に命令を出す奉書を発給していた。まさに、足利家当主の補佐役「執事」にふさわしい役割であると言えよう。

この足利家執事奉書が、弘安四年（一二八一）一一月五日付の高重氏発給のものを初見として出現するのである（尊経閣文庫所蔵武家手鑑）。ただしこの執事奉書の様式や内容は、後年の室町幕府発足後に出された執事奉書とはまったく異なる。同時期の得宗家公文所で出された奉行人連署奉書に酷似している。この時期の足利家執事は同氏の家政機関の執事にすぎず、後年の全国政権となった将軍家の執事とは質的・量的に大きく異なっていたと評価できるのである。

高師氏と足利家時置文

高重氏の子で、足利家時―貞氏二代の執事を務めたのが師氏である。母親は佐野三郎の娘とされる。法名を心仏といい、彼も父重氏同様「松本入道」と呼ばれていたらしい（以上、『清源寺本』）。高師氏を語る上で絶対に省くことのできない事件が、主君足利家時（尊氏祖父）の自殺である。

家時の自殺については、南北朝期に室町幕府の九州探題を務めた、足利一門の有力武将今川了俊が記した『難太平記』に記された伝説が有名であろう。すなわち、源義家が「七代後に生まれ変わって天下を獲る」と書いた置文を残した。しかし、義家の七代後にあたる家時の時代は得宗北条氏の天下で、足利氏はその臣下同様の扱いに甘んじざるをえない状況であった。これを悲観した家時は、三代のうちに天下を獲らせてほしいと源氏の守護神八幡大菩薩に祈願し、その旨を記した置文を残して自殺した。家時の孫に生まれ、彼から数えて三代目の足利尊氏は、幼少の頃から家時の生まれ変わりという自覚を持ち、鎌倉幕府打倒の野望を胸に秘め……というものである。

現在では、この伝説は史実としては否定されている。足利家時は、弘安七年六月二五日にわずか二五歳の若さで自殺した（『滝山寺縁起』など）。最新の研究では、彼の死は同年四月に起こった北条一門佐介氏の粛清事件と深い関係があったとされている。当時の足利氏には、天下獲りの野望など微塵もなかったのである。

だがその内容はともかく、家時が死に際して置文を残したのはどうやら事実らしい。そして、家時がその置文を託したのが高師氏なのである（無年号四月五日付足利直義御内書、山城醍醐寺三宝院文書）。家時は、師氏を足利家の執事として厚く信頼していたと言える。

『清源寺本』によれば、高師氏は正安三年（一三〇一）四月一〇日に死去する。師氏は、師行・師重など多数の子息にめぐまれた。

高師行・師重兄弟

師氏死後に足利家の執事にまず就任したのは、高師行の弟師重である。正安三年一二月二三日付で、師重の執事奉書が発給された記録が残る（『滝山寺縁起』）。師重ははじめ師継と称したらしく、出家後は道忍または貞忍と名乗り、高右衛門入道と呼ばれた（『常楽記』康永二年〈一三四三〉五月二四日条など）。

しかし、徳治三年（一三〇八）になると兄の高師行に執事としての活動が見られる（同年五月二八日付師行奉書、東北大学附属図書館所蔵倉持文書）。『清源寺本』には、師行は御内侍所と引付頭人を務めたとある。御内侍所とは先に述べた足利氏の被官統制機関で、引付頭人とは訴訟機関である奉行所に付属したと考えられる引付の長官である。また師行は、前述の足利家時置文を父師氏から譲り受け、大切に保管したことでも知られる。

だが元応二年（一三二〇）までに高師重が執事に返り咲き、奉書を発給している（同年二月一三日付写、紀伊米良文書）。この文書で貞忍と名乗っているので、おそらく兄師行が執事を務める間に出家したのであろう。

高師重裁許下知状

執事再登板後の師重の活動で特筆するべきは、元亨二年（一三二二）五月二三日付で裁許下知状を発給している事実である（尊経閣文庫所蔵得田文書）。この文書は従来足利貞氏発給とされていたが、近年田中奈保氏によって紛れもなく高師重発給と確認されたものである。

この下知状の内容は、能登国の長氏の所領相続をめぐる訴訟に判決を下したものである。全部で八ヵ条にわたる争点を列挙し、訴人・論人双方の主張を丹念に審査しており、鎌倉幕府の執権・連署による裁許下知状（関東下知状）と比較しても何ら遜色がない、堂々とした立派な判決である。足利氏は、この判決文を執事高師重の名で発給したのである。

同時期得宗家においても、当主北条高時ではなく、得宗家公文所の奉行人連署による裁許下知状が発給されている。足利家執事による下知状発給はそれに倣ったものであり、鎌倉最末期に向けて同氏の家政管理機関が複雑な組織に発展していった様子が窺えるのである。執事高氏は、その精密な機構を統括する役職として、足利家の中で実務文筆官僚集団のトップに君臨していたのである。

『清源寺本』には、高師重に「貞氏・高氏執権」とある。よって、師重は足利高氏（後の尊氏）の初期まで執事を務めた模様である。しかし元弘三年（一三三三）の鎌倉幕府滅亡の直前あたりに執事職を子の師直に譲り、まもなく隠居したとおぼしい。その後は息子たちの大活躍を見守りながら余生を過ごし、康永二年（一三四三）五月二四日に死去した（前掲『常楽記』同日条）。翌三年、彼の一周忌に室町幕府の業務が停止されている（『師守記』康永三年五月二四日条）。

名字のない武士

本章の最後に、高氏の〝名字〟「高」について述べたい。

厳密に言えば、「高」は名字ではない。「高」とは「高階朝臣」の略称であり、氏姓なのである（太田亮『姓氏家系大辞典　第一巻』、一九三四年）。つまり、「源朝臣」「平朝臣」「藤原朝臣」「菅原朝臣」などと同じカテゴリーに属するのであって、膨大な数に達した同一氏姓の人間を区別するために後に出現した「足利」「新田」「織田」「徳川」といった名字と本来は異なる。「高階」→「高」と同様、「藤原」「菅原」もそれぞれ「藤」「菅」と略することがあり、それと同じわけである。

平安時代や鎌倉時代中期頃までなら、名字のない武士はそれほどめずらしいことではない。源頼朝・平清盛といった錚々たる武将たちがその典型例である。しかし、高氏のように南北朝時代に至っても名字がないのはかなり稀である。いや後述するように、高氏嫡流は江戸時代に至るまで名字がつかなかったようである。ただし、庶流は大平・彦部・大高・南・三戸等の名字を名乗っている。ちなみに庶流の名字「大高」の由来は不明であるが、宗家の「高」に基づいたものであると筆者は推定している。つまり、「藤原」から派生した「佐藤」「工藤」などと同じ系統である。

高氏嫡流は、なぜ最後まで名字を持たなかったのであろうか。単純に考えれば、多くの場合武士の名字は地名であるので、高氏が土地との結びつきが希薄であったことを暗示している可能性はあると思う。

すでに詳述したように、鎌倉時代の高氏は足利氏の執事を代々務めていた。基本的に都市鎌倉に住んで、主君足利氏のそばに常に仕えながら仕事をしていたのである。先祖代々の土地を一生懸命に守る一般的な武士とは、若干性質が異なっていたのではないだろうか。

ここで想起されるのが、平頼綱である。平頼綱とは、北条得宗家の家人・被官集団である御内人のトップで、内管領という要職を務めた人物である。幕府内部で強大な権勢を誇り、一時は皇位継承に介入するほどだった。彼の介入によって皇統は大覚寺統と持明院統に分裂し、後の南北朝内乱の大きな伏線となった。

足利氏の被官も、北条得宗家と同様に御内人と呼ばれていた。高氏が頼綱と同様御内人集団の長で、内管領に相当する執事を代々務めていたこともすでに述べたとおりである。得宗家において高氏とよく似た立場にあった平頼綱も、鎌倉後期の段階でも名字を名乗っていないのはまことに興味深い。もっとも、頼綱の子資宗は名字「飯沼」、従兄弟の家系はその所領伊豆国田方郡長崎郷にちなんで名字「長崎」を名乗るのであるが。

管見の限りでこの問題に言及した研究は見あたらない。しかし高氏という武士の性格を考えるとき、少なくとも嫡流が名字を持たなかった事実はきわめてユニークであり、また重要であると筆者は考えるのである。

室町幕府発足以前の高師直

鎌倉幕府〜建武政権下の師直

謎の幼少期

本書の主人公である高師直は、冒頭でも述べたように生年不詳である。父が高師重(もろしげ)であることもすでに述べたとおりである。『清源寺本』によれば、鎌倉幕府滅亡以前は五郎左衛門尉(さえもんのじょう)と名乗っていたようである。

母の出自もよくわからない。『常楽記』元亨四年（一三二四）六月一七日条には、「足利(貞氏)殿執事高右衛門入道(師重)妻他界」とあり、この日に師重の妻が死去したことが記されている。しかし、この女性は師直の母ではないようだ。というのも彼の母は康永三年（一三四四）六月頃、父師重が死去した約一年後に亡くなったとする記録が存在するからである（『海蔵和尚紀年録』(かいぞうおしょう)同年条）。

生まれた年さえわからないのであるから、幼少時のエピソードなどほぼ皆無である。おそらく鎌倉で生まれ育ったのであろうとしか言えない。なお、彼は伯父師行（もろゆき）の娘つまり従兄妹の女性を妻としている（『清源寺本』）。また、九州探題渋川義行（しぶかわよしゆき）の母となった娘がいた（『尊卑分脈』）。息子たちについては、のちのち本書に現れるであろう。

図4　足利尊氏像（等持院所蔵）

初登場

元弘三年（一三三三）三月二七日、鎌倉幕府の有力武将足利高氏（たかうじ）は鎌倉から出陣した。『太平記』巻第九には、このときの足利軍の内訳として、「足利殿御兄弟（高氏・直義）・吉良・上杉（うえすぎ）・仁木・細川・今河・荒河（あらかわ）以下の御一族三十二人、高家の一類四十三人、都合其の勢三千余騎」と記されている。この時点で、すでに数の上では高一族の勢力が主君筋の足利一門を圧倒しているらしいことが注目される。足利軍は、四月一六日に京都に到着した。

四月二七日、彼らは京都を出て丹波（たんば）国篠村（しのむら）八幡宮に入った。この二年前に幕府打倒の謀反を起こして隠岐島に流されたにもかかわらず、この年の閏二月に隠岐を脱出し、伯耆国の船上山で挙兵した後醍醐天皇を討つ。表向きは、これが出陣の理由であった。なお高氏は、幕府滅亡後の同年八月五日に後醍醐の実名「尊治」から「尊」字を拝領して「尊氏」と改名する。したがって、以降の表記を「尊氏」に統一する。

『太平記』巻第九には、以下に述べる逸話が収録されている。足利軍が篠村に本陣を設営すると、丹波国の久下時重という武士が二五〇騎を率いて真っ先に参上した。彼らの笠印には皆「一番」という文字が書かれていた。それを不思議に思った尊氏は、高師直を呼んでその由来を尋ねた。

師直は、「これは由緒ある紋でございます。かつて源頼朝殿が土肥の杉山で挙兵されたとき、時重の先祖である武蔵国の住人久下重光がいちばん最初に馳せ参じました。それに頼朝殿が感銘を受けられて、『もし私が天下を獲ったなら、お前にいちばんはじめに恩賞を与えよう』とおっしゃって、頼朝殿自ら『一番』という文字を書いて重光にお与えになったのが、やがて久下家の紋となったのでございます」と答えた。それを聞いた尊氏は非常に感心したという。

これが、高師直が歴史の表舞台に初登場したシーンである。軍記物『太平記』の史料的性格上、これをそのまま史実と見なすことには慎重であるべきであろう。しかし、足利氏の家政運営に執事として携わり、その関係もあって全国の武家の故実について豊富な知識を持ち、主君に一目置かれる家臣。このエピソードからは、そのような師直像が浮かび上がるのではないだろうか。

六波羅攻め

天皇を討つというのは、鎌倉幕府を欺く尊氏の狂言であった。四月二九日、尊氏は古来真贋論争で著名な願文（がんもん）を自筆で作成し、篠村八幡宮に奉納した。そしてかねてからの計画どおり幕府を裏切って、京都に反転して六波羅探題（ろくはらたんだい）（幕府の西国統治機関）に攻め込んだ。五月七日のことである。

結局足利尊氏の寝返りが決定打となって、鎌倉幕府は滅亡した。後醍醐天皇による建武政権の発足である。

足利家執事として

建武新政期の高師直には、前代以来の足利家執事と建武政権の職員という二つの顔があった。当該期の師直の活動を順に見ていこう。

まず前章でも言及したが、師直が父師重から足利家執事職を継承した時期について考察したい。

『清源寺本』には師重に「貞氏・高氏執権」の注記があり、尊氏の初期まで執事を務めたとされている。尊氏が足利氏の家督を継承した時期は、最近の清水克行氏の研究によって、元弘元年九月の父貞氏死後とされている。

一方、師直が執事として活動した最初の徴証は、（元弘三年）一〇月一二日付巻数返事案である（『祇園社記続録第二』）。

すなわち、師直が父師重から執事職を譲られたのは、元弘元年九月から同三年一〇月の間となる。さらに本章冒頭で紹介した、久下氏の家紋の由来について尊氏に説明したエピソードを執事としての立場に基づくものと解釈すれば、師直の執事職継承の時期は鎌倉幕府滅亡直前であろうと筆者は推定する。

建武政権期に高師直が足利家執事として発給したと考えられる文書として、現在次の四点が知られている。

①（元弘三年）一〇月一二日付巻数返事案（『祇園社記続録第二』）
②建武元年（一三三四）三月四日付安堵状（日向郡司文書）
③建武二年五月七日付奉書（山城東文書）
④建武二年七月二〇日付奉書（足利市民文化財団所蔵文書）

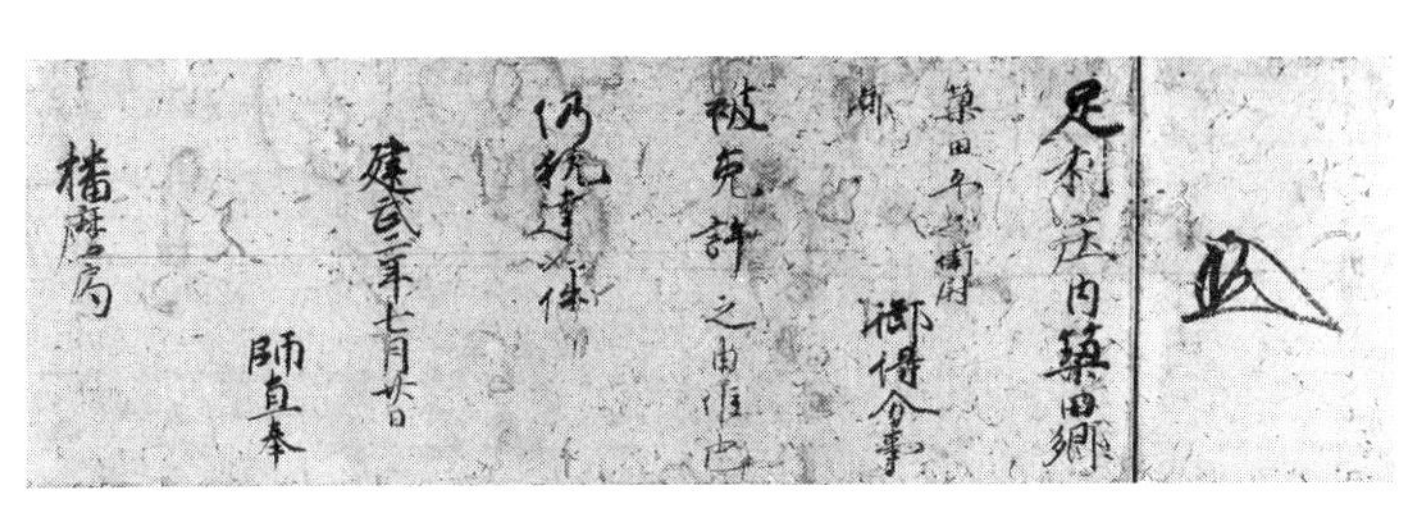
足利庄内築田郷
被充許之由候也
仍執達如件
建武二年七月廿日　師直奉
播磨局

図5　建武2年7月20日付足利家執事高師直奉書
（足利市民文化財団所蔵文書）

①は、前述の祇園社執行顕詮への巻数返事である。「悦びとなすの由に候也（〈尊氏が〉喜んでいるとのことでございます）」とあり、師直が尊氏の意志を奉じて発給した文書であることが判明する。

②は、那賀盛連に日向国国富荘内那賀郷公文職を安堵したものである。国富荘は元は北条泰家（高時弟）の所領であり、倒幕の恩賞として尊氏が後醍醐天皇より拝領した所領である。つまりこれは足利氏所領に関する命令であるので、師直が足利家執事の立場で発給し得たと考えられるのである。本文書は直状であり、様式的にやや疑問とされることもあるが、実際にこの命令が出された可能性は高いと思われる。

③は、建武元年二月九日に尊氏が松尾社に豊前国門司関内の田畠を寄進した寄進状（山城松尾大社文書）の執行を門司関政所に命じた文書である。門司関も北条泰家領で、建武政権が没収して尊氏に与えた所領である。また尊氏の意を奉じる奉書で

あり、②と同様に執事としての権限で出したものであることが確実である。なお、この文書は後年の執事施行状の原型となっている点でも興味深い。

④は、足利荘内簗田郷の得分取得を播磨局に許可する内容である。言うまでもなく、足利氏の本領足利荘に関する事項である。また、前章で述べた鎌倉期の足利家執事奉書の様式をほぼ踏襲する点でも注目できる史料である。

以上、建武新政期における高師直の足利家執事としての活動を紹介した。ただし注意しなければならないのは、この時期の師直発給文書の様式が後年のものとは大きく異なっている点である。この時期の師直の立場はあくまでも足利家の私的な執事にすぎず、後年の全国の武士に号令する公的な将軍の執事とは質的・量的に比較にならないのである。

雑訴決断所職員

高師直は足利家の執事を務めるだけではなく、建武政権にも職員として参加した。その中でも特筆されるべきは、雑訴決断所への参入である。

雑訴決断所とは、元弘三年九月に発足した建武政権の所務沙汰（不動産訴訟）を司る機関である。国司・守護に対して、荘園の押領・濫妨停止と下地沙汰付の遵行命令を牒（律令国家で使用された公文書様式の一つ）形式の文書で発給した。沙汰付とは、武力をともなう判決の強制執行を意味する。当時の決断所の機能は、後の室町幕府の引付方の権限にほぼ等しい。

初期の決断所は、四つの部局に分かれていた。このうち三番に上杉憲房（尊氏兄弟の伯父）、四番に高師泰が所属した事実が確認できる（四番制雑訴決断所結番交名、薩摩比志島文書）。

雑訴決断所は建武元年八月頃、四番制から八番制へ改組され、人員も大幅に拡充された。高師泰は新制の決断所から外れたが、上杉憲房は二番に引き続き配置された。そして、三番に高師直が新たに加わったのである（八番制雑訴決断所結番交名写、『続群書類従』巻第九二七）。

八番制の決断所は、規模だけではなく権限も飛躍的に拡大されていた。それまでの所務沙汰に加え、検断沙汰（刑事訴訟）や雑務沙汰（動産訴訟）も司った。また、それまで後醍醐天皇が綸旨で発していた地頭御家人層に対する所領安堵も行うようになった。

何より重要なのは、四番制の後半である建武元年三月頃から、後醍醐天皇綸旨の沙汰付命令を牒で発する権限が加わったことである。現存する綸旨施行牒を見る限り、主に恩賞充行を命じる綸旨に集中したらしい。決断所は綸旨の実効性を高め、天皇親政を補完・強化する役割を担ったわけである。この経験が後年の師直の政治活動に非常に大きな影響を及ぼしたと筆者は考えているわけであるが、それについては後述したい。

また高師直は、「窪所」という機関に伊賀兼光・結城親光らとともに所属したことが知られる（『梅松論』）。

窪所への参加

窪所については、内裏の警備機関であるとする説と、「問注所」の「問注」を意図的に崩して「窪」としたとする説が存在する。問注所とは鎌倉幕府の伝統的な訴訟機関で、鎌倉後期には東国における雑務沙汰を担当した。提訴の受理も行った。また、のちの室町幕府にも問注所は存在した。こちらは訴訟記録を保管し、文書の過誤や真偽を調査した。史料が少ないため具体的な機能は不明であるが、ともかく建武政権の窪所は問注所と同様の訴訟機関であったというのである。

筆者は後者の説、すなわち窪所を問注所の系譜をひく訴訟機関であるとする説を支持したい。内裏警備機関だとすると、後述の武者所と職掌が重複するからである。何より前章で述べたように、鎌倉後期の高氏は足利氏の執事として家政運営や訴訟に携わり、精緻で長大な裁許下知状を発給するほどのレベルに到達していた。それを踏まえると、師直が窪所職員に起用されたのは、そうした文筆官僚的な実務能力を期待されてのことであると考えられる。

『梅松論』によれば、窪所には後醍醐天皇が自ら出席し、会議を聞いたという。窪所は建武政権で相当重要な機関に位置づけられていたとおぼしく、これに師直が配属された史実は注目できよう。

武者所の活動

もう一つ、建武政権における高師直の活動として注目できるものに、権大納言西園寺公宗謀反未遂事件の関係者の逮捕を挙げることができる。

建武二年六月、公宗によるクーデター計画が発覚した。同月二二日、師直は楠木正成とともに建仁寺前に向かい、公宗の陰謀に荷担した者たちを逮捕した（『匡遠記』同日条）。

この活動は、武者所職員としての権限に基づくものであったと推定されている。「武者所」とは、その名から容易に推察できるように建武政権の警察機構であり、具体的には主に謀反人の逮捕を行ったらしい。

再三述べるように鎌倉期の師直は、文筆官僚的な武士として足利家の家政運営に従事していたと考えられる。その経験を買われて建武政権の運営にも参加したわけであるが、彼はその活動を通じて足利家領だけではなく日本全国の政治・社会の情勢を知ったと思われる。また楠木正成をはじめとする多くの武士や公家たちと知り合って交流したであろうことは、彼の見識を大いに深めたに違いない。建武政権の体験が、高師直の政治家・武将としての成長に大きく寄与したと筆者は考えるのである。

官途

本節の最後に、建武政権期の高師直の官途（かんと）を紹介したい。

鎌倉期の師直が五郎左衛門尉を称していたらしいことは、前述したとおりである。その後、建武政権から三河権守（ごんのかみ）に任命されている（前掲③文書など）。前章でも述べたとおり、三河国は鎌倉期の足利氏が守護を務めた国であり、足利氏の勢力圏内で非常に重視された地方である。ちなみに「権守」は権官（ごんかん）といって、朝廷の官職が定員を超える場合に任命される仮の官職である。したがって厳密に言えば、師直が就任したのは正式な三河守ではない。とは言え、権官であっても三河の国司に任ぜられたことは、師直の立場をよく反映していると言えよう。

そして、建武二年五月七日から一一月五日までの間に武蔵権守に移った（建武二年一一月五日付執事高師直施行状写、四天王寺（してんのうじ）所蔵如意宝珠御修法（にょいほうじゅみしほ）日記裏文書）。武蔵国については、すでに主君の足利尊氏が守護と国司を兼任していたが、その権官への補任（ぶにん）も足利家執事としての彼の立場を現しているのであろう。

建武の戦乱

中先代の乱

建武二年（一三三五）七月（近年は六月説もある）、前代鎌倉幕府の得宗北条高時の遺児時行は、信濃国で建武政権に対する反乱を起こした。いわゆる中先代の乱である。

挙兵した北条時行は、幕府の故地鎌倉の奪還を目指して進軍を開始した。当時鎌倉には建武政権の関東地方統治機関・鎌倉将軍府が存在し、後醍醐天皇皇子成良親王を名目上の首長として、足利尊氏の弟直義が統治していた。当然直義は、時行軍鎮圧の軍勢を派遣する。しかし反乱軍の勢いは予想外に強く、将軍府軍は上野国と武蔵国で連戦連敗し、岩松経家・渋川義季・小山秀朝といった名だたる武将が戦死した。

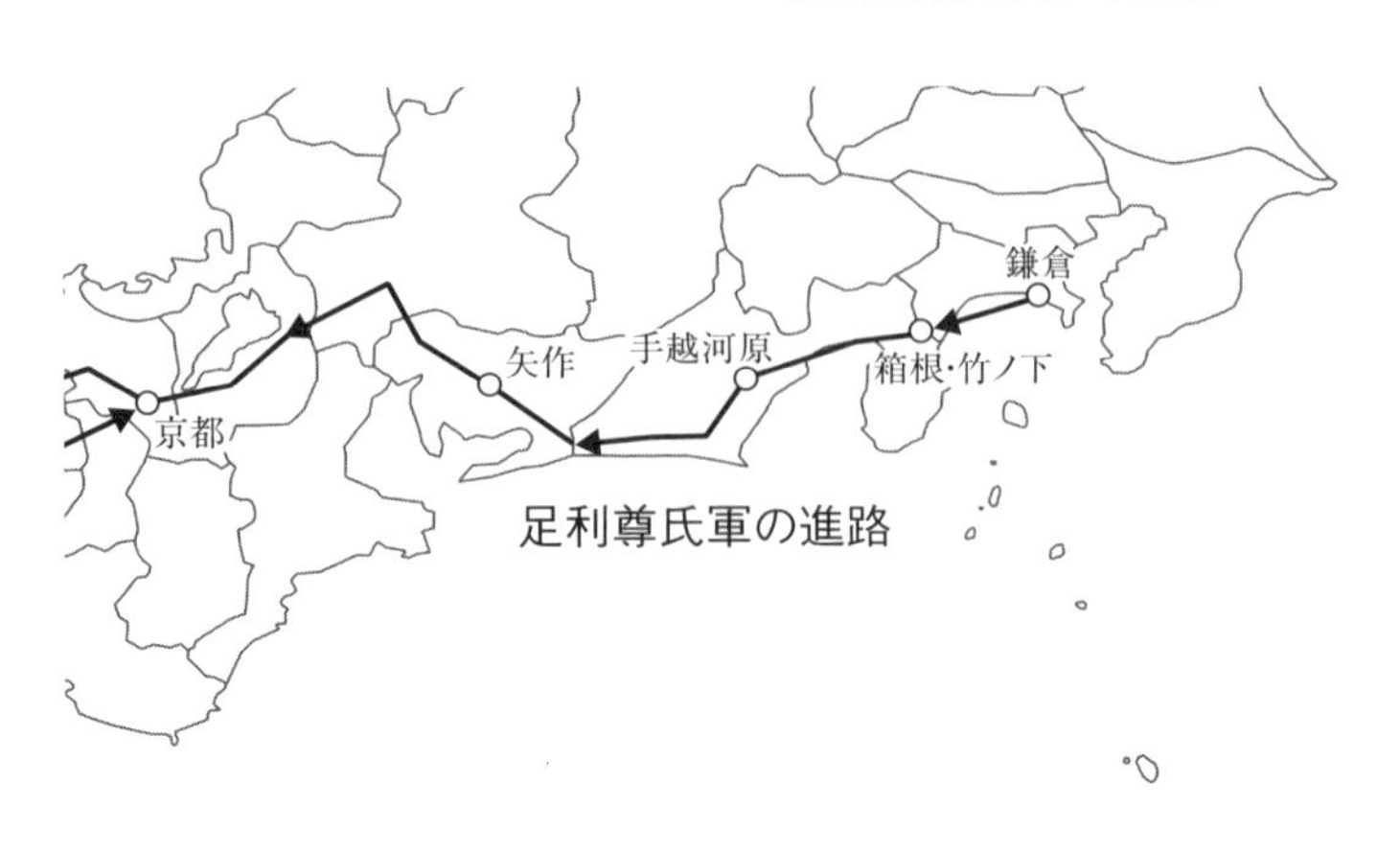

足利尊氏軍の進路

そこで足利直義が自ら出陣し、武蔵国井出沢で時行軍を迎撃するが敗れる。このとき、高氏庶流の南宗章が戦死した（『清源寺本』）。直義は遂に鎌倉を放棄して東海道を西へ敗走した。七月二四日、時行は鎌倉を占領した。

八月二日、足利尊氏は弟直義を救援して中先代の乱を鎮圧するために、京都から出陣した。これに高師直以下の高一族が従ったことは言うまでもない。途中三河国矢作宿で直義と合流し、さらに東海道を東に下った。足利軍は連戦連勝で、尊氏出陣からわずか半月あまりで鎌倉を奪回した。

三河国矢作川の戦い

中先代の乱を無事鎮圧した足利尊氏であるが、彼は後醍醐天皇の帰京命令に従わなかった。しかも九月頃から袖判下文を多数発給し、北条時行討伐で

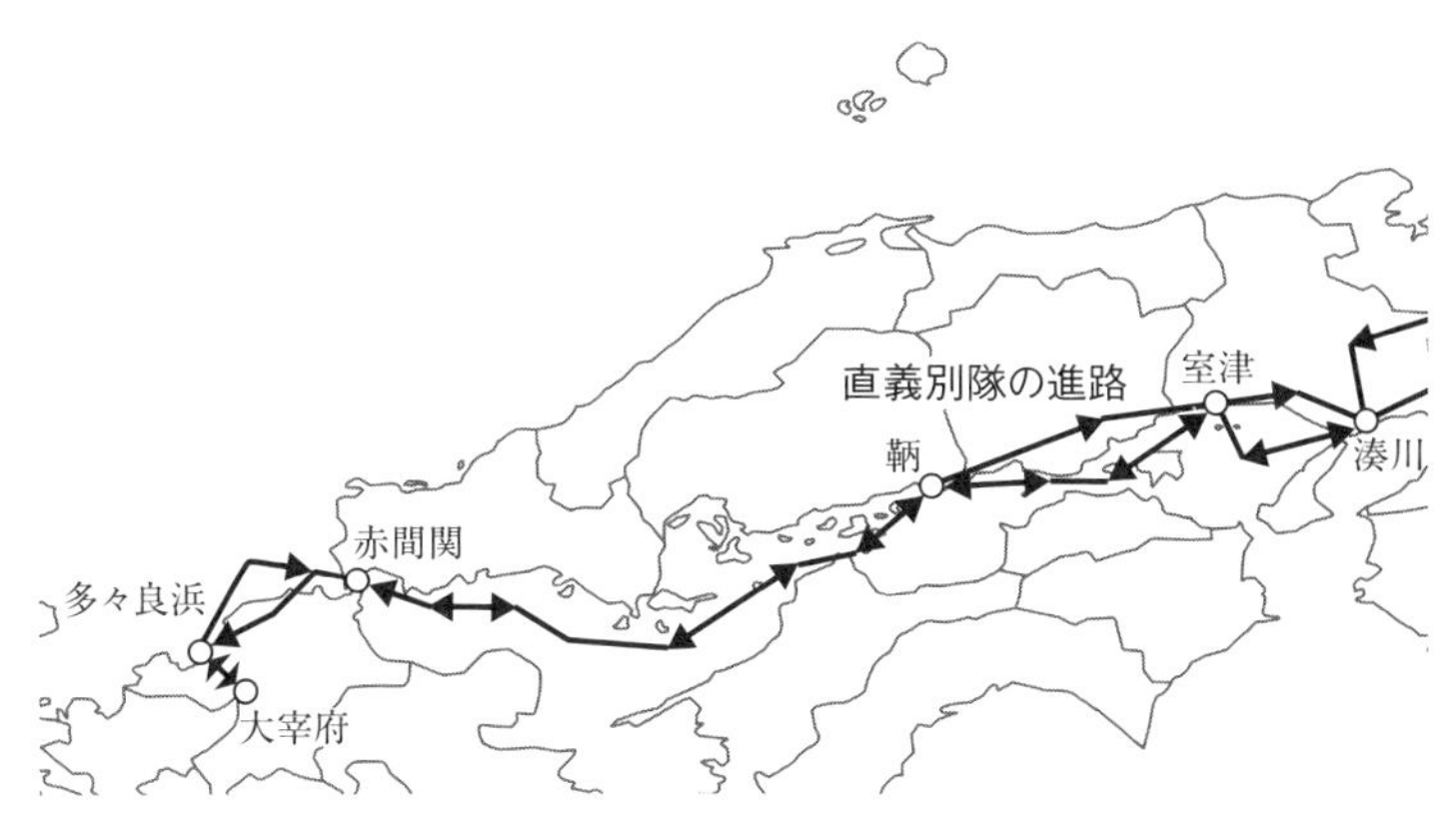

図６　建武の戦乱図

勲功を挙げた武士たちに恩賞として所領を充行った。それまで主に後醍醐が綸旨で行っていた恩賞充行権を無断で公使し、天皇の権限を侵したのである。さらに鎌倉若宮小路の旧鎌倉幕府将軍邸宅跡に新しい屋敷を新築し、一〇月一五日にここに移った。客観的に見れば、尊氏は建武政権に公然と反旗を翻し、幕府の復活を宣言したわけである。

なおこの時期、高師泰が侍所頭人として尊氏の護衛や鎌倉の警備などを担当していることを確認できる（一〇月二〇日付三浦和田茂実着到状、新潟県立歴史博物館所蔵越後文書宝翰集所収三浦和田文書および一一月六日付散位某・高師泰連署奉書写、尊経閣文庫所蔵天野文書）。

一一月一九日、尊氏の行動を自身への反逆と見た後醍醐天皇は、新田義貞を大将とする足利尊氏討伐軍を出陣させた。これに対して尊氏は高師泰を大将とする軍を編成し、東海道を西へ向かわせた（『梅松論』）。このとき出陣した高一族の武将として、大将師泰以外に、高師直・高師久（師直弟）・南宗継（高氏庶流）・高師幸（師直従兄弟）・高重茂（師直弟）・大高重成（高氏庶流）の名が挙げられている（『太平記』巻第一四）。

足利・新田の両軍は三河国矢作川をそれぞれ東西に挟んで布陣し、三日間ほど対峙した。矢作宿は東海道の重要な宿駅で、鎌倉時代には三河守護足利氏の守護所が置かれていた。それだけではなく、三河―尾張は関東と六波羅探題の管轄範囲の境界であり、東国と西国の境とも認識されていた。戦略・交通・経済の要衝であるだけでなく、そうした政治的にも重要な意味が込められていた地方だったのである。

師泰は、尊氏に「後続の直義の援軍が到着するまで決して矢作川を越えてはならない」とあらかじめ言い含められていた。しかし、足利軍は尊氏の命令を守らずに川を渡り、反撃に遭って多数の損害を出し、その夜遠江国鷺坂へ撤退する（『梅松論』および『太平記』巻第一四）。これが矢作川の戦いである。一一月二五日の出来事とされる。

このとき足利軍は、軍勢を三手に分けていた。『太平記』巻第一四によれば、第一陣は吉良満義・土岐頼遠・佐々木導誉を主力とする編成で、六〇〇〇騎あまりであったという。

足利一門の吉良を別とすれば、外様の有力武将を中心としていたらしい。第二陣は高師泰・師直以下の高一族の軍勢二万騎あまり。第三陣は仁木・細川・今川・石塔(いしどう)等一万騎あまり。足利一門の軍団である。これらが矢作川の上流から順に布陣していたそうである。

一門の有力武将を差し置いて高師泰が大将に任命され、兵力も断トツで多い。兵力については『太平記』特有の誇張があるだろうからそのまま史実と受け取ることはできないし、またこのときは敗戦に終わっている。だが、すでに後年の高氏の武断的な性格が垣間見えているのは興味深い。

足利尊氏の挙兵

足利軍は鷺坂や駿河(するが)国今見(いまみ)村でも敗北し、同国手越河原(てごしがわら)に撤退した。ここに足利直義の援軍が到着し、一二月五日に新田軍と激しく交戦したが敗れた。直義は箱根に後退して、ここを城としてとどまった。師直・師泰以下高一族も直義とともに籠城した。

この間、本当は後醍醐天皇と戦いたくなかった足利尊氏は、出家遁世(とんせい)すると称して鎌倉の浄光明寺(じょうこうみょうじ)に引きこもっていた。しかし直義の危機を知り、遂に自ら出陣する決意を表明し、一二月八日鎌倉を発った。そして一一日、竹ノ下(たけのした)方面から脇屋義助(わきやよしすけ)(新田義貞の弟)の軍勢に襲いかかり、これを撃破した。世に言う箱根・竹ノ下の戦いである(以上、

『梅松論』など）。

　この戦いで勝利を得た足利軍は、形勢逆転して一気に東海道を西に攻め上っていった。この道中、一二月二六日に高師直は近江国敏満寺に対して乱入狼藉を禁止する禁制を発給している（越中岩田佐平氏所蔵文書）。

　また、後醍醐方の比叡山僧兵道場坊阿闍梨宥覚が近江国伊岐代宮に籠城していた。翌建武三年（一三三六）正月二日、この城を師直が攻め、わずか一日で落とした（『梅松論』および同年三月日付大友戸次頼尊軍忠状写〈鎮西古文書編年録所収戸次古文書〉）。

第一次京都攻囲戦

　近江国まで攻め上った足利軍は、建武三年正月、軍勢を分けて京都を囲んで攻撃する作戦を採った。瀬田には足利直義が向かい、副将軍を高師泰が務めたという。淀方面は畠山高国、芋洗へは吉見頼隆が向かった。そして尊氏は宇治から京都を狙ったとのことである。対して建武政権側では、瀬田方面の防御を千種忠顕・結城親光・名和長年が担当した。宇治の方は新田義貞が尊氏を迎え撃った。正月八日の出来事であったという（以上、『梅松論』）。

　このときの足利軍の京都攻略戦は、『太平記』巻第一四では若干記述が異なっている。最大の相違点は、尊氏軍と義貞軍が戦ったのが宇治ではなく大渡となっている点である。

大渡とは淀川河畔で、現在の八幡(やわた)と山崎の間にあったらしい。一般論として、史料としては『太平記』よりも『梅松論』の方が信頼性が高いとされる。しかし残されている軍忠状と比較すると、この場合は『太平記』の記述に軍配が挙がるようだ。ちなみに一次史料によれば宇治方面を攻めたのは畠山高国で、楠木正成がこれを防いだ。

大渡の戦いでは新田軍の抵抗が頑強で、相当の苦戦だった模様である。『太平記』には、高師直のアイデアで付近の住宅数百棟を破壊して得た木材で筏(いかだ)を作り淀川渡河を試みたが、敵が川中に打った乱杭(らんぐい)および矢の乱射に阻まれて五〇〇人以上の損害を出したことなどが記されている。

結局、四国方面から足利一門の細川定禅(じょうぜん)、播磨方面から赤松(あかまつ)氏の援軍が押し寄せ、山崎を突破したことが決定打となって、同月一二日に足利軍は京都を占領した。この点は、『梅松論』『太平記』ともに大枠で一致した記述となっている。

京都を占領した尊氏であるが、それは長くは続かなかった。北畠顕家がはるばる奥州から尊氏を追撃し、京都で追いついたからである。顕家は、建武政権の地方統治機関・陸奥(むつ)将軍府の事実上のリーダーとして東北地方を統治していた。建武三年正月を通じて、足利方と後醍醐方は京都およびその周辺で激しい合戦を繰り広げたが、顕家という強力な援軍を得た後醍醐軍に足利軍は敗北して西国へ没落した。

この間高師直は、一三日に瀬田に出陣し、一六日には関山（逢坂山）で合戦を行い、同日三条河原でも敵軍と交戦した（建武三年正月日付三崎日置政高軍忠状、出雲日御崎神社文書）。また尊氏の命を受けた高師泰が武蔵・相模の軍勢二万騎あまりで将軍塚に立て籠もる新田軍を攻撃したが、撃退されて五条河原に撤退したという逸話もある（『太平記』巻第一五）。

高重茂、尊氏を叱る

一時は九州まで没落した足利尊氏であったが、かの地で北九州の雄族少弐頼尚の援軍を得て勢いを盛り返した。三月二日には筑前国多々良浜で後醍醐方の菊池武敏を破り、九州全土を制圧する。これが有名な多々良浜の戦いである。

このとき、高師泰が足利軍の先陣を務めたという（『梅松論』）。また師泰は、この戦いの前後に足利軍に味方するために馳せ参じた九州の武士たちが提出した着到状に証判を与えている。建武三年三月一三日付深堀明意着到状（肥前深堀家文書）など、その事例が多数残存している。これは侍所頭人としての職権活動であると考えられている。

この戦いで菊池軍に属していた松浦・神田は、わずか三〇〇騎にも満たない尊氏の軍勢を二〜三万騎と勘違いして、一戦も交えずに足利軍に降参したという。これを疑った尊氏は、高・上杉の諸将に向かって彼らに対する不信感を表明した。そのとき高重茂（師直弟）が進み出て、「あまりに人の心をお疑いになっては、速やかに大功を成し遂げることはできません」と尊氏の猜疑心を諌めたという。

このとき重茂は、唐の安禄山の乱や壬申の乱における天武天皇といった和漢の故実を「史料」として引用し、尊氏以下を感心させたという。以上のエピソードは『太平記』巻第一六に収録されているが、いかにも出来すぎた作り話くさい。だが、前述の師直初登場の場面といい、歴史的知識を豊富に持つ一族として高氏が位置づけられている点は興味深い。

摂津国湊川の戦い

多々良浜の戦いの翌三日には大宰府に入城し、九州を押さえた足利尊氏であるが、しばらくは足場固めに専念している。三月一二日に高師直は大隅国の禰寝清武に、大隅国の津々浦々の船を尊氏上洛の兵船として、船の大小を問わずに昼夜貫徹して守護立ち会いのもと点検し、その数を報告して水手・梶取を徴発することを命じている（大隅禰寝文書）。同様の命令が九州の他の武士にも出されたことは疑いない。

四月三日、いよいよ尊氏は京都奪還を目指して大宰府を出発した。五月五日、足利軍は備後国鞆に到着した。ここで足利軍は二手に分かれた。尊氏は海路を船で進み、執事師直が従った。直義は陸路を進撃し、高師泰が供奉した（『梅松論』）。

そして五月二五日、世に名高い湊川の戦いが摂津国で行われる。『太平記』巻第一六では、楠木一族以下およそ七〇名が壮絶に自害したことになっている。だが『梅松論』では高尾張守の手の者が楠木正成を討ち取り、首を持参したとされている。

史実では、湊川の戦いの時点で尾張（権）守だったのは高師泰である。しかし『梅松論』では、基本的に師泰は後に拝領した越後守と呼ばれている。となると、ここで現れる高尾張守は、後に尾張守に任官した師兼あるいは師業のいずれかではないだろうか。二人とも師直の従兄弟である。いずれか決しがたいが、『梅松論』が成立したとされる貞和五年（一三四九）頃に尾張権守であったのは師業だったようである（ちなみに師兼は刑部大輔）。だとすれば、師業の可能性が高いと言えるが自信はない。また、正成を討ったのは師泰の部下とする『梅松論』の異本もある。

『太平記』には、湊川の開戦前に起こった以下のエピソードが収録されている。新田軍の本間重氏が射た鏑矢が魚をくわえたミサゴに命中し、矢は大内氏の船の帆柱に突き刺さり、ミサゴは生きながら大友氏の船に落ちた。ミサゴとは、主に海岸に住んで魚を捕食する鳥であり、タカの親戚である。

敵味方が感嘆する中、続いて本間は自分の氏名を小刀で刻んだ矢を六町も離れたところにあった尊氏の船に射て、自分の名を尊氏に教え、その矢を射返すことを要求した。誰に射返させるべきかを尊氏が高師直に尋ねたところ、師直は佐々木顕信（あきのぶ）を推薦したという。まるで『平家物語』の那須与一（よいち）を彷彿とさせる逸話であり、例によってそのまま史実とするには慎重であるべきだ。だが、久下氏の家紋の由来を尊氏に説明した初登場シーンと同様、ここでも師直が武家の故実に詳しい人物として描写されていることは注目に値しよう。ちなみにこの話には、佐々木が矢を射返そうとしたところ、讃岐（さぬき）勢に加わっていた馬鹿者が勝手に矢を放ち、二町も飛ばずに海に落ちたのを新田勢がさんざん嘲笑したため、佐々木は矢を射るのをやめたという間抜けなオチがついている。

第二次京都攻囲戦

湊川の戦いに勝利した足利軍は、京都に進撃した。五月二七日、後醍醐天皇は比叡山に逃れた。正月に続いて二度目の叡山籠城である。二九日に足利直義が入京し、六月一四日には足利尊氏が持明院（じみょういん）統の光厳上皇（こうごんじょうこう）を奉じて京都に入った。しかし戦闘はすぐには終息せず、足利軍と後醍醐軍の京都市街戦が断続的に続いた。

六月三〇日、比叡山に籠城していた後醍醐軍が京都奪還を目指し、大挙して山を下りて一斉攻撃をしかけてきた。このときの合戦は相当激しかったようで、三条猪熊で名和長年が戦死した（『梅松論』）。新田義貞も尊氏の本陣が置かれていた東寺まで突進し、尊氏に一騎打ちを申し込み、尊氏も応じようとするが上杉重能に制止された逸話でも知られている（『太平記』巻第一七。なお『太平記』はこれらを七月一三日の出来事とするが、『梅松論』が記すように六月三〇日が正しいであろう）。

この日、高師直は法成寺河原（荒神河原）で敵軍と交戦し、勝利した（『梅松論』および建武三年七月日付小代重峯軍忠状、肥後小代文書）。一方師泰は、竹田河原で敵を迎撃し、多数を討ち取った（建武三年七月日付諏方部信恵軍忠状写、諸家文書纂所収三刀屋文書）。

七月九日、高師泰は摂津国芥河に発向し、敵を追い払った（建武三年九月日付諏方部信恵軍忠状写、諸家文書纂所収三刀屋文書）。

八月二〇日頃、細川・河野の四国連合軍が宇治に展開する後醍醐軍の掃討に向かったが、敗北した。後醍醐軍は、東山七条の今日吉社の上にある阿弥陀ヶ峰まで進出し、陣をかまえて篝火を燃やした。それを見た高重茂は、「おほくとも四十八にはよも過ぎじ阿弥陀が峰にともすかがりは」という和歌を詠んだという（『梅松論』）。『太平記』巻第一七はこれを七月上旬頃の出来事で、重茂が詠んだのも和歌ではなく狂歌であったとする。歌の文言も若干異なっている。

同月二三日には賀茂多々洲河原で両軍の合戦があった。この戦いで師直は大将として奮戦し、負傷したという（『梅松論』。異本では師泰）。義貞は敗北して叡山へ戻り、山門勢も多く討たれた。二五日には鳥羽で師泰と後醍醐軍が戦っている（前掲建武三年九月日付信恵軍忠状写）。二八日にも後醍醐軍の来襲があったが、このときも師直が大将としてこれを迎え撃ち、撃退している（『梅松論』）。京都を中心とする大きな戦いはこれを最後に終息したようで、後醍醐軍の勢いは徐々に弱まっていった。

各史料の記述が矛盾・錯綜しており、実態を把握しづらい。それだけ第二次京都攻囲戦が大乱戦であったことを物語っているのであろう。だが大まかな傾向として、比叡山に籠城する後醍醐天皇軍の攻撃は他の武将たちが行い、師直兄弟は京都市街を中心とする平地の合戦を担当した。原則として彼らは、敵軍の襲来に備えて東寺に陣取る尊氏を防衛する役割に徹していたようだ。高氏嫡流は、常に足利氏当主と一心同体だったのである。

高師久の処刑

少し話は遡るが、六月五日に足利軍は比叡山を包囲した。西坂本へは高師久を搦め手の大将として、高師秋（師直従兄弟）・大高重成・南宗継・

岩松（いわまつ）・桃井（もものい）以下の武将が派遣された。

師久は、比叡山の焼き討ちをもくろみ数回にわたって攻撃したが失敗した。そして二〇日、ついに新田軍に捕らえられた。師久は神仏の敵として比叡山の大衆（だいしゅ）に身柄を引き渡され、かつて東大寺大仏殿を焼き討ちした平重衡（しげひら）の先例にまかせて処刑された。琵琶湖畔にある唐崎（からさき）の浜で首を刎（は）ねられて晒（さら）されたという。

この日の敗北で足利軍の比叡山包囲網は一度崩壊し、赤山禅院（せきざんぜんいん）（比叡山の別院）に本陣を構えていた総大将足利直義は撤退した。それが前述の三〇日の後醍醐軍の一斉攻勢につながるのである（以上、『太平記』巻第一七および『梅松論』）。

高師久は、師直の弟である。当初右衛門尉（うえもんのじょう）を名乗り、建武政権から豊前（ぶぜん）権守の官途を拝領したらしい（『清源寺本』）。『太平記』には、師久の比叡山攻略作戦の一部始終が長文で詳細に記されている。なお同書は彼を「師重」とするが、これは父の名であるので誤りである。

ここに高一族は、中先代のときに戦死した南宗章に次いで二人目の犠牲者を出したのである。しかも、それは師直にとって最も近親にあたる人物であった。師久戦死に関する師直の感情に触れた史料は残っていないが、弟を失った悲しみは深かったと推察される。

室町幕府初代執事高師直

足利家の執事から幕府の執事へ

北朝―室町幕府発足

比叡山に籠城する後醍醐天皇軍を包囲する一方で、足利尊氏は新政権樹立の準備を着々と進めた。建武三年（一三三六）八月一五日、持明院統の光厳上皇の院政開始が正式に決定され、弟豊仁親王が即位して光明天皇となった。後の北朝の発足である。その後尊氏は後醍醐へ講和交渉の使者を送った。講和は成立し、一〇月一〇日に後醍醐は下山して帰京した。一一月二日、後醍醐が光明へ三種の神器を授ける儀式が行われ、光明は正統性を獲得した。五日後の七日には、新政権の基本法典である『建武式目』が制定された。一般的には、これをもって室町幕府の成立とされている。ちなみに足利尊氏が正式に征夷大将軍に就任したのは、建武五年八月一一日である。

しかし、建武三年一二月二一日に後醍醐は大和国吉野へ逃れた。南朝の成立であり、ここに六〇年にわたる南北朝内乱の時代が始まったのである。

初期室町幕府の統治体制

発足当初の室町幕府は、将軍足利尊氏と弟直義が権限を二分して統治する体制であった。尊氏は、合戦で功績を挙げた武士にご褒美の土地を与える恩賞充行権と、幕府の地方行政官である守護を任命する権限を行使した。直義は、武士が従来領有していた所領を承認する権限すなわち所領安堵権や、土地の所有権をめぐる裁判を行う権限（所務沙汰権）を主に担当した。佐藤進一氏は、尊氏の権限を「主従制的支配権」、直義の権限を「統治権的支配権」と名づけて論じている。

幕府の初代執事へ

こうした体制の下、将軍尊氏の執事として、高師直はきわめて広範な活動を行った。それは鎌倉時代や建武政権期の足利家執事としての活動とは質・量ともに飛躍的に異なっている。発給文書だけでも、約二〇〇通も現存するという。鎌倉後期の父祖たちがせいぜい一〜二通の文書しか残していない事実に鑑みても、いかに彼が八面六臂の大活躍をしていたかが窺えるではないか。

また後述するように、組織的にも従来の執事とは異なる機関を拠点としていたと推定される。したがって同じ「執事」でも、鎌倉・建武期の執事と室町幕府発足以降の執事は別個の存在としてとらえるべきなのである。

その変化の画期はいつか。結論を先に言えば、それは鎌倉で足利尊氏が後醍醐に無断で恩賞充行袖判下文を発給し始めた建武二年九月頃ではないかと筆者は考えている。この点については後述するとして、建武～暦応頃の高師直の活動を具体的に見ていこう。

執事施行状

室町幕府執事としての高師直の活動で、質・量ともに最も特徴的で、しかも師直にとっても歴史的にも非常に重要だったのは、執事施行状（しぎょうじょう）の発給と考えられる。「執事施行状」とは何か。まずは何はともあれ、実物を紹介しよう（以後、引用史料はすべて読み下し文に改めている）。

康永四年（一三四五）五月二十六日付将軍足利尊氏袖判下文（新潟県立歴史博物館所蔵越後文書宝翰集所収三浦和田文書）

（尊氏）
（花押）

下す　三浦和田四郎兵衛尉（ひょうえのじょう）茂実

早く領知せしむべき越後国奥山（おくやま）庄北条（きたじょう）内海老名（えびな）又太郎忠文（ただふみ）妻女跡地頭職の事

右、人を以て、勲功の賞として充行也、てえれば、先例を守り、沙汰を致すべき

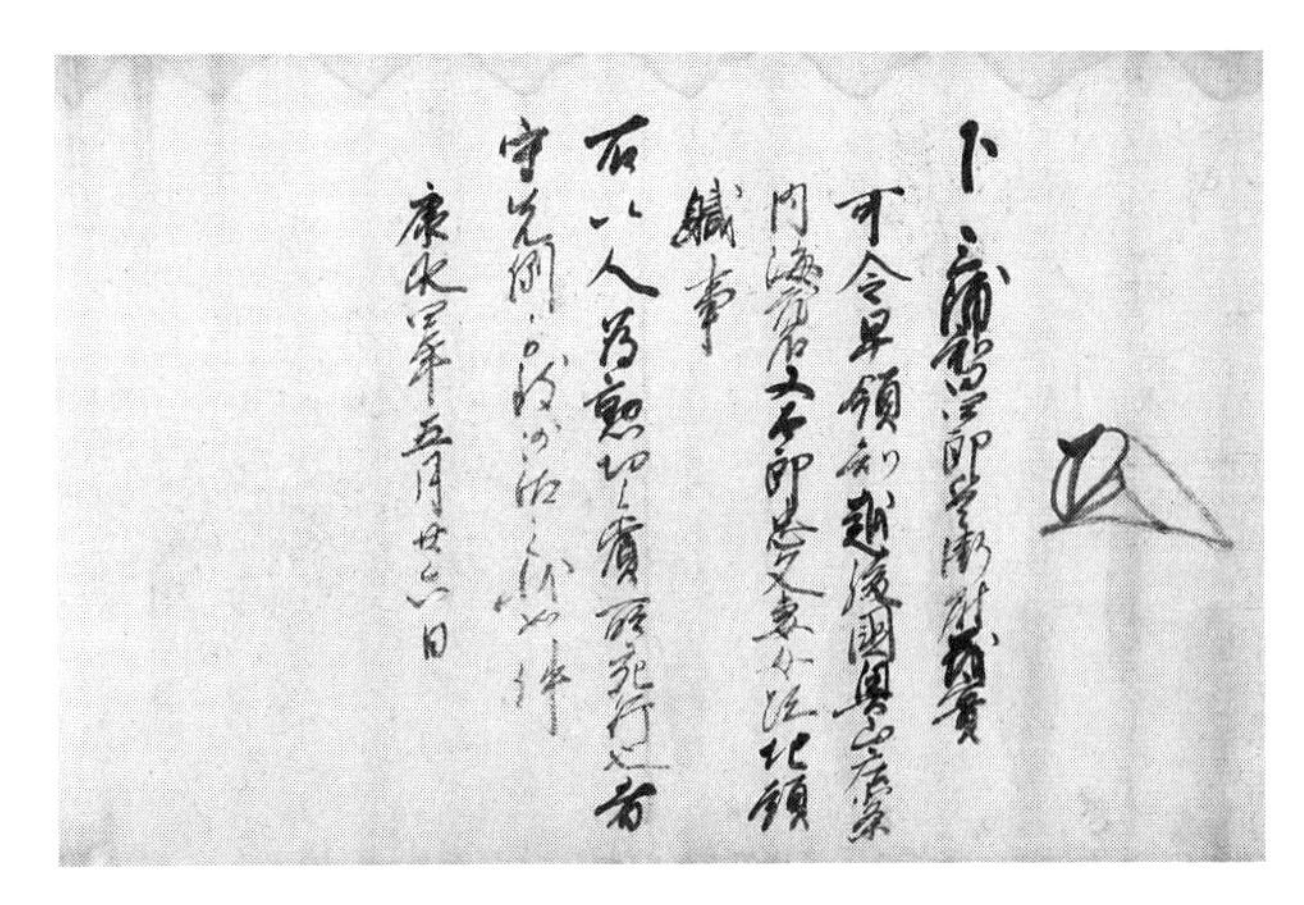

図7　将軍足利尊氏袖判下文
（新潟県立歴史博物館所蔵越後文書宝翰集所収三浦和田文書）

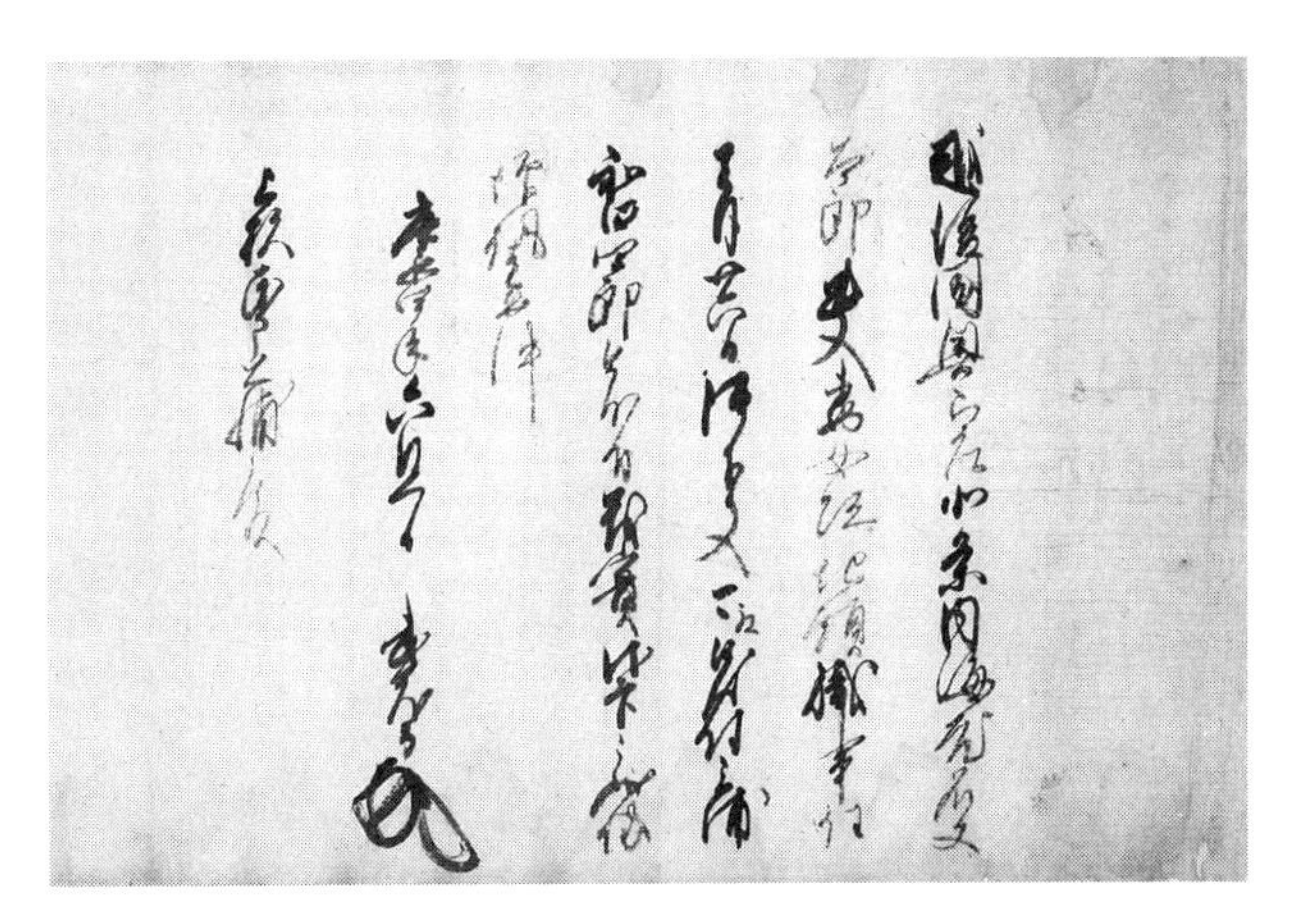

図8　執事高師直施行状
（新潟県立歴史博物館所蔵越後文書宝翰集所収三浦和田文書）

の状件の如し、

康永四年五月廿六日

同年六月一日付執事高師直施行状（同文書）

越後国奥山庄北条内海老名又太郎忠文妻女跡地頭職の事、去月廿六日御下文に任せ、三浦和田四郎兵衛尉茂実代官に沙汰し付けらるべきの状、仰せに依りて執達件の如し、

康永四年六月一日　　武蔵守（高師直）（花押）

上杉民部大輔殿（憲顕）

最初に掲げた文書が、将軍足利尊氏の恩賞充行袖判下文である。三浦和田茂実に、越後国奥山庄北条内海老名太郎忠文妻女跡地頭職を恩賞として与える内容である。

そして次に掲げる文書が、執事高師直の施行状である。越後守護上杉憲顕に、先に出た尊氏袖判下文のとおりに当該恩賞所領を茂実代官に沙汰付することを命じる内容である。沙汰付とは、前章でも説明したように武力をともなう判決の強制執行である。また「仰せに依りて執達件の如し」、つまり将軍尊氏の仰せ（命令）によってこの文書を発したことを明記している。今までもたびたび出てきたが、こうした家来が主人の意思を奉じて出す

文書を「奉書（ほうしょ）」と呼ぶ。

この後、守護・守護代が施行状に基づく沙汰付命令を守護の使節に発する（これを「遵行状（じゅんぎょうじょう）」という）。次いで守護使が実際に沙汰付を行い、完了すると「打渡状（うちわたしじょう）」と呼ばれる文書を発給する。その後、下文拝領者またはその代官が沙汰付完了を承認する文書（「請取（うけとり）」）を出し、守護使→守護代→守護の順に沙汰付をきちんと行ったことを報告する文書（「請文（うけぶみ）」）を幕府に提出する。これが一連の下文執行手続である。

現在最も多く残存している高師直の発給文書が、この執事施行状である。師直は袖判下文だけではなく、御判御教書（ごはんみぎょうじょ）や御内書（ごないしょ）あるいは寺社への寄進状といった他の様式の尊氏発給文書も施行した。また、まれに足利直義が出した所領安堵下文の施行状も発した。筆者の管見に入った限りでも、尊氏の下文・寄進状だけで師直は生涯に七四件もの執事施行状を発給している。

前代鎌倉幕府においても、将軍は袖判下文や政所（まんどころ）下文によって恩賞充行を行った。しかし鎌倉幕府には、執事施行状に類した文書は存在しなかった。厳密に言えば、西国に存在する所領を保障した下文や下知状には、六波羅探題などによる施行状は出された。だが、それは充行・安堵や裁許に従うように拝領者にただ伝達するだけであって、守護に下文の強制執行を命じる機能は見られないのである。文書の様式も下文様で、室町幕府の施行状の奉書形式とは異なっていた。執事施行状およびそれにともなう守護以下の遵行システムは、室町幕府が新たに創造した統治制度と評価できるのである。

室町幕府になって武力による強制執行をともなう施行状が出現した理由は、内乱に勝利して幕府の政権基盤を固めるために、将軍の恩賞充行を広範かつ円滑に遂行する必要が生じたからであると考える。将軍のために生命や財産を投げ打って合戦に参加し、勝利に貢献した武士に対し、没収した敵方の所領を恩賞として新たに所領を与えて報いる。これが、この時期の幕府にとって最大の政策課題であった。

しかし、そのためには短期間で大量の恩賞充行下文を発給しなければならなかったので、どうしても問題のある下文が出ることを避けられなかった。たとえば同一所領を複数の人間に与えたり、味方の武士や寺社の所領を誤って他人に給付してしまうことである。また下文自体に問題がなくとも、強力な南朝勢力が恩賞地を実効支配するなどして、命令が実現しない場合もあった。当然、下文のにせものも横行したことであろう。

右の問題を改善するため、高師直は将軍の袖判下文を簡単に再調査し、強制執行力を付与することによって下文の実効性を高めようとした。下文の整理・強化によって将軍権力を補完する。執事施行状は、その目的で出現したと推定できるのである。

執事施行状に関してもう一点看過できないことは、その文書様式である。執事施行状の様式は、従来の足利家執事が発給していた執事奉書のそれとは大きく異なっている。まず足利家当主の袖判がないことと、書止文言が「仰せに依りて執達件の如し」となっていること（従来は「仍執達件の如し」）、そして「官途（花押）」の署判形式である（従来は「左衛門尉師行　奉」のように、「官途・実名・奉」が基本であった）。三七ページに掲載した旧式の執事奉書の写真（図5）も参照されたい。

まさに劇的な変化と言えよう。実は執事施行状の様式は、鎌倉幕府で執権・連署が発した奉書（「関東御教書」）とまったく同じなのである。室町幕府の執事は、少なくとも意識の上では鎌倉幕府執権の立場を継承していたと考えられる。

今述べたように執事施行状の様式は鎌倉幕府文書を継承しているが、政権首長の命令を強制執行する機能面で直接の手本としたのは、建武政権の雑訴決断所牒による後醍醐天皇綸旨の施行であったと筆者は考えている。後醍醐の綸旨も矛盾する内容のものが大量に発給されて朝令暮改が繰り返され、にせものまで流通して政治・社会を大混乱に陥れたことは、あの二条河原落書を持ち出すまでもなく周知の事実であろう。綸旨に施行状が付された理由も、執事施行状が現れた理由とまったく同じであった。

前述したように、高師直は雑訴決断所三番の職員であった。当然綸旨施行について熟知していたはずであり、執事施行状の考案に際してはこれを大いに参考にしたと思われる。

執事施行状の初見は、前掲の建武二年一一月五日付写である。前述したように、同年七月二〇日に師直は鎌倉期足利氏執事奉書の様式を踏襲した文書を発給している（前掲36ページ所掲④文書）。すなわち、建武二年七〜一一月の間に足利氏の内部で鎌倉幕府を継承する意識の変化が起こり、それが執事奉書の様式をも変化させたと推定できるのである。その画期をさらに確定するとすれば、前述のように九月の尊氏袖判下文発給あるいは翌一〇月の鎌倉将軍邸への尊氏転居あたりに求められるのではないだろうか。

執事奉書

高師直が奉書をもって諸国の守護等に命令を発したのは、下文や寄進状の施行だけではなかった。そうした施行状以外の執事奉書の命令内容は、執事師直の権限を調査した小川信の結論をそのまま引用すれば、「諸国武士に対する警固命令・料所預置、寺社に対する社領安堵・造営用途賦与・殺生禁断等の通達、（中略）および公事課役・運送年貢・関務等に関する種々の遵行命令など頗る多岐にわたっている」のである（中略部分に関しては、後述の引付頭人について述べる箇所で取り上げる）。

執事施行状も含めた、これら執事奉書の役割を一言で要約すれば、「将軍尊氏の意思を実現させる」ことであったと評価できよう。それこそが、執事師直の中核的で最大の職務だったのである。

仁政方

執事奉書（施行状も無論含む）は、いかなる機関で発給されたのであろうか。

鎌倉時代の足利氏家政機関を想起すれば、それは政所になりそうだ。が、これはほぼ確実に異なる。室町幕府の政所執事は、南北朝期においては鎌倉幕府でも政所執事だった二階堂氏が主に務めている。高師直以降の執事（管領）と政所執事は、違う系統に位置するのである。

執事奉書の発給機関すなわち執事の制度的拠点は、暦応四年（一三四一）一〇月三日制定室町幕府追加法第七条などを根拠に、仁政方であると筆者は推定している。後年の史料であるが、管領細川頼之期に仁政方での審議を経て管領奉書が発給されていることを確認できる（『吉田家日次記』応安四年〈一三七一〉一〇月六日条および一一月三日条）。

管領斯波義将期の史料によれば、仁政方の人的構成は恩賞方とほぼ一致している（『御評定着座次第』至徳二年〈一三八五〉一二月一二日条および一七日条）。恩賞方とは、その名のとおり将軍の袖判下文や寄進状を発給する機関である。それと仁政方の構成が一致していることは、執事施行状を主として発給する仁政方が、元来恩賞方を基盤として形成されたことを物語ると考えられる。

おそらく建武の戦乱で室町幕府が確立していく過程で、鎌倉期と比較して飛躍的に増大した執事の業務を組織的に支えるため、新たな機関が従来の政所とは別個に設けられ、執事はそちらの活動に専念することになったのであろう。そして、その機関が恩賞方を基礎としていたらしいことは、執事師直の活動の特質を考える上できわめて示唆的である。

恩賞頭人

高師直が恩賞方の頭人を兼任していたことを明記する史料は、実は存在しない。しかし関東執事・奥州探題・九州探題・守護・国大将が、配下の武士に対する将軍尊氏恩賞充行袖判下文発給を申請する推挙状を師直宛に出している事例を多数確認できる（貞和二年〈一三四六〉閏九月一七日付奥州探題吉良貞家・畠山国氏連署推挙状、石水博物館所蔵佐藤文書など）。また暦応三年五月二〇日付で師直は、院林了法の軍忠調査を命じる奉書を発している（山城醍醐寺三宝院文書）。これらから師直は執事以外に恩賞頭人を兼任していたと推定されており、それは妥当であると筆者も考えている。

なお師直宛の推挙状は、恩賞充行だけではなく所領安堵を申請したものもある（貞和四年八月一二日付奥州探題吉良貞家・畠山国氏連署推挙状、岩代示現寺文書）。よって提訴一般を受理する立場、いわゆる賦を師直が担当していた可能性もあろう。

引付頭人

引付方とは、主に所務沙汰（不動産訴訟）を司る機関である。初期室町幕府では足利直義が管轄していた。その機能は、上級機関の評定で直義署判の判決文（「裁許下知状」という）を発給するまで訴訟の進行を担ったり、訴人（原告）の提訴に応じて論人（被告）の係争地占有（「押領」「濫妨」といった）を排除し、係争地を訴人に沙汰付させる命令を発したりすることであった。地頭の領家に対する年貢未進を戒めることもあった。建武政権における雑訴決断所に相当する機関である。訴訟の性質上、引付方は必然的に寺社や公家の所領や権益を武士の侵略から守る役割を担うこととなった。

この引付方は原則として五つの部局に分かれ、それぞれ頭人（長官）が統括していた。室町幕府発足早々、高師直は五人の引付頭人の一人に選ばれたのである。そして、前述の押領停止・下地沙汰付命令（「引付頭人奉書」という）を発給した。現在、師直が引付頭人として発給した奉書は、一〇通あまり残存している（建武五年五月二七日付奉書、田中教忠氏所蔵文書など）。ちなみにこの引付頭人奉書の様式は執事施行状とまったく同じで、前代の関東御教書を踏襲していた。

師直は執事として尊氏に仕えて恩賞充行をはじめとする彼の意思の実現をはかる一方で、引付頭人として直義にも従って寺社・公家の権益の保全にも尽力していたのである。

着到状・軍忠状への証判および禁制

軍事関連では、高師直は着到状・軍忠状に対して証判を加えたり（建武五年三月二一日付岡本良円着到状写および同年閏七月日付同軍忠状写、いずれも秋田藩家蔵文書一〇など）、禁制を直状形式で発給した事例が知られる（前掲建武二年一二月二六日付禁制など）。

前にも出てきたが、着到状とは武士が馳せ参じたことを報告する文書である。そして軍忠状とは、武士が合戦後に自分の手柄を記した申状である。武士は着到状や軍忠状を自分が所属した部隊の武将に提出して、「承了（花押）」と書いて返してもらう。これを証判という。武将がその内容を承認したことを意味する文言であり、武士はこれを根拠に後日感状や恩賞充行袖判下文を幕府に要求したのである。

また禁制とは寺社へ発給された文書で、配下の武士に対してその寺社に乱暴狼藉することを禁じたものである。禁制発給はまた、寺社がその軍の勢力圏内に入ったことも意味した。

ただし注意しなければならないのは、証判や禁制発給は師直だけが行使できた権限ではなく、守護や国大将クラスの武将なら誰でも行っていたことである。しかも師直がこうした文書を発給したのは、自身が大将として出陣した場合のみであった。

　また、武士に自軍への参加を命じる文書を「軍勢催促状（ぐんぜいさいそくじょう）」、配下の武士が挙げた手柄に感謝する文書を「感状」という。軍事指揮権としては、着到状や軍忠状の受理よりもこれ

図9　初期室町幕府機構図

将軍尊氏──恩賞方　＝恩賞頭人（恩賞充行機関・尊氏下文等発給）
　　　　　├執事　＝仁政方（将軍命令伝達機関・執事奉書発給）
　　　　　├侍所　＝侍所頭人（御家人統制機関）
　　　　　└政所　＝政所執事（将軍家家政機関）

直義──評定──安堵方　＝安堵頭人（所領安堵機関・直義下文等発給）
　　　　　　　├引付方　＝引付頭人（所務沙汰機関・直義下知状等発給）※康永三年（一三四四）内談方に発展
　　　　　　　└庭中方　＝庭中頭人（訴訟手続過誤救済機関・直義下知状等発給）

鎌倉府：鎌倉公方──関東執事（関東地方統治機関）
奥州探題（東北地方統治機関）
九州探題（九州地方統治機関）
守護（地方統治機関）

らの文書の発給の方が重要な権限である。だが二頭政治期の室町幕府においては、軍勢催促状と感状はもっぱら足利直義が発給した。師直もこれに類する命令を発することもあったが事例は少なく、しかも臨時の特例として書状形式で出される場合が多かった（〈康永四年〉一〇月九日付大友豊後守宛、筑後大友文書など）。

要するに高師直の軍事指揮に関する権限は、基本的に他の守護クラスの武将と同等で、これを過大評価することはできないのである。

北朝との交渉

前述したように初期の北朝では、光厳上皇が治天の君として君臨して院政を行った。光厳は、院宣と呼ばれる文書で命令を発した。

院宣の内容も多様であるが、室町幕府の引付頭人奉書に相当する押妨停止・下地沙汰付命令を発する場合があった。こうした所務沙汰関連の院宣は、発給後に上皇側近の貴族が出す消息によって幕府に実行が依頼されることがあった。北朝側の依頼者は、時を下ると今出川兼季→同実尹→勧修寺経顕と変化していった。そして消息の宛所、すなわち幕府側で依頼を受理した人物こそ、高師直だったのである。

この後幕府は、院宣と消息に基づく沙汰付命令、いわば院宣施行状を守護に対して発給するわけである。それは執事施行状でなされる場合もあったが（暦応三年八月一九日付案文、春日若宮社記録）、大部分は引付頭人奉書が発給されたようである。それはともかく、上皇の院宣の実現という重要な職務に関して、公家の依頼を受理する形で関与した師直の立場はやはり重要視するべきであろう。

なお所務沙汰関連の綸旨や院宣を幕府が遵行するシステムは、すでに鎌倉後期には形成されており、六波羅探題が遵行を担当していた。北朝―幕府による院宣施行は、こうした鎌倉後期の体制を継承した側面もあった。

また北朝は建武五年八月二八日に「暦応」と改元したが、高師直は北朝の改元詔書を尊氏・直義兄弟とともに受け取っている（『師守記』貞和元年一〇月二九日条裏書）。加えて朝廷において叙位任官の際に昇進者と昇進の理由を記した文書を「聞書」というが、当初朝廷は幕府には高師直にこの聞書宣下を送付していたらしい（『師守記』康永元年五月三〇日条裏書）。北朝との政治的交渉において、師直が欠かせない人物だったのは確かであろう。

さらに暦応二年八月一六日に後醍醐天皇が崩御した後、細川和氏・後藤行重・安威資脩・諏訪円忠とともに、師直は天龍寺造営の奉行人も務めている（『天龍寺造営記』）。周知のように天龍寺は、将軍尊氏が後醍醐天皇の冥福を祈るために、幕府の総力を結集して建立した寺院である。この点からも幕府における彼の重用ぶりが窺える。

守護分国

高師直が最初に守護に任命されたとされるのは、上総国である。少なくとも、建武三年から翌四年まで上総守護だったらしい。その根拠は、彼の重臣である薬師寺公義が、建武・貞和・観応・文和年間に武蔵・総州・但馬三ヵ国の守護代を務めたとする記録である（「祭薬師寺可山公文」〈『業鏡台』（『五山文学全集　第三巻』思文閣出版、一九七三年復刻）〉）。このうち、貞和・観応は後述する師直の武蔵守護、文和は師直の子息高師詮の但馬守護に対応すると考えられるから、消去法で建武は総州。そして下総は千葉氏が一貫して守護を相伝しているので、残る上総が師直の分国。こういう思考の理屈である。上総は、鎌倉中期頃から足利氏が守護を務めた国である。執事が守護を務めるにふさわしい国と言えよう。

次いで師直が守護となったのは武蔵国である。彼が武蔵守護であったことが確実に論証できるのは、観応元年（一三五〇）から翌二年にかけてである（観応元年八月九日付高師直書下、埼玉県立文書館所蔵安保文書および『園太暦』観応二年正月一六日条）。師直が、観応二年二月二六日の死に至るまでこの職にあったことは疑いないであろう。

また、貞和二年の伊豆国走湯山密厳院雑掌宗泰申状（山城醍醐寺文書）の文中に「武蔵国守護代薬師（寺脱カ）彦次郎」とある。これも師直の被官である薬師寺公義を指すと考えられることから、師直の武蔵守護在職は貞和二年以前に遡ると推定されている。
武蔵は鎌倉時代には三代執権北条泰時（やすとき）以来、北条得宗家が代々守護を務めた国であり、建武政権期には主君足利尊氏も武蔵守護に任じられていた。彼が武蔵守護となった政治的意義は非常に大きかったと評価できるであろう。

まとめると、師直は上総次いで武蔵の守護に補任された。だが室町幕府執事・引付頭人等としての政治面での貢献かつ後述の軍事面での大活躍と比較すると、重要な国々であるとは言え、守護分国二ヵ国は意外に少ないのではないだろうか。しかも、この二ヵ国守護の地位にあった期間は重複していないようである。

高一族の守護分国や所領についてはエピローグで簡単に紹介するが、彼らはあくまでも主君足利氏と人格的に結合した武士であり、当時の武士としては地方支配や所領の集積には基本的に無関心だったようである。

なお薬師寺公義は、今述べたように上総・武蔵・但馬の守護代を務め、高師直の重臣であった武将である。武蔵守護代については、康永四年から在職した徴証がある（同年二月一〇日付公義奉書、武蔵岡本（おかもと）文書）。当初は彦次郎と名乗り、次いで二郎左衛門尉と称し、そして加賀権守（かがごんのかみ）に任官した。薬師寺氏は畿内出身で橘（たちばな）姓の武士であったとする説が現在は有力である。また公義は歌人としても有名であった。のちに出家して元可（げんか）と名乗り、『元可法師集』という和歌集を残した。『新千載（しんせんざい）和歌集』などの勅撰（ちょくせん）和歌集にも、彼の歌が六首収録されている。本書でも、この後何度か登場して活躍する。

高師直の職権活動の飛躍的な拡大とともに、北朝から任命される官職も上昇した。

武　蔵　守

建武政権において師直が三河権守、次いで武蔵権守に任命されたことについてはすでに述べた。幕府発足後も建武五年二月六日までは武蔵権守を名乗り続けるが（同日付執事施行状、早稲田大学所蔵荻野研究室収集祇園社文書）、同年五月一一日以降は正規の国司である武蔵守となる（同日付高師直感状、和泉日根（ひね）文書）。

武蔵守は、建武政権期に主君尊氏が名乗っていた官職である。また、鎌倉時代には北条得宗家クラスの武将が任じられていた官職でもある。つまり前代以来、事実上最高位の武士が名乗るのが通例であった、武家の聖地の守を師直は拝領したのである。

そして前述したように、遅くとも貞和頃からは同国の守護をも兼ねた。武蔵国の国司と守護の兼任は、建武政権期の尊氏に匹敵する地位である。師直の地位の高さが窺えるであろう。

邸　宅

高師直の邸宅は、京都の一条今出川にあった。『太平記』巻第二六は、貞和五年の四条畷の戦い以降にこの屋敷が造営されたように読める書き方をしている。実際、一次史料で確認できるのもこの時期である（『師守記』同年三月一四日条頭書など）。しかし、これ以前からここに師直邸が存在した可能性も十分に想定できよう。

武士の邸宅に関する田坂泰之氏の研究を参照すると、師直邸は南は一条大路（現京都御所内）、北は北小路（現今出川通）、東は東京極大路（現寺町通）、西は富小路（現京都御所内）で囲まれる区画にあったらしい。この推定が正しければ、南北の中間を武者小路が通っており、面積は方二町。後年の室町殿に匹敵する広大な敷地であったようだ。

ここは、かつての平安京の東北の角から北にはみ出した位置にある。主君である将軍足利尊氏の康永三年から観応二年二月二二日までの邸宅が土御門東洞院（現京都御所内）にあり、これは当時の土御門内裏の南に隣接していた。つまり、師直邸はちょうど天皇と将軍の邸宅の東北に位置した。ちなみに高師泰の邸宅は正親町町与西洞院（現在の中立売通・新町通・西洞院通のあたり）にあり、空間的には高兄弟は、天皇と将軍を東西から護衛していたのである。なお貞和五年三月一四日に将軍の土御門東洞院邸が焼失し、同年八月一一日に再建されるまで尊氏は一時師直邸に住んでいた模様である（前掲『師守記』同年三月一四日条頭書および八月一一日条など）。

『太平記』によれば、元は大塔宮護良親王の母民部卿三位の屋敷であったのを師直が接収し、改築したとのことである。かなり壮麗な邸宅だったようで、これも『太平記』によれば棟門・唐門を四方に構え、棟と梁を高く造った釣殿・渡殿・泉殿を配置していた。

中でもすばらしかったのが庭園で、伊勢・志摩・雑賀の巨大な石を集め、数多くの名所の風景を集めた観があったという。室町時代の庭園を論じた古典的名著である外山英策『室町時代庭園史』（思文閣出版、一九七三年、初出一九三四年）でも、師直邸は項目を設けて特筆されている。

『太平記』は、師直の専横を非難する文脈でこの屋敷に言及している。しかし、ここから本当に読み取るべきは、高師直の芸術や文化に対する造詣の深さなのではないだろうか。外山も、「師直も亦園林泉石の風流を解せし者であつた」といちおう肯定的に評価している。

北畠顕家との死闘

発足早々の室町幕府において高師直が成し遂げた最大の軍事的貢献と言えば、やはり何と言っても北畠顕家との死闘を制したことに尽きる。北畠顕家とは何者か。まずはその点について簡単に紹介しよう。

陸奥将軍府

元弘三年（一三三三）一〇月、後醍醐天皇は皇子義良親王（のちの後村上天皇）を名目上の、北畠顕家を実質上のリーダーとして陸奥国に派遣した。北畠顕家は村上源氏の公家で、のちに南朝の総帥として作戦を指導した北畠親房の子息である。顕家は陸奥国司に任命され、奥州に幕府に似た統治機構を設置して支配した。この機構を現代の研究者は、「陸奥将軍府」と呼んでいる。

北畠顕家の奥州支配は、かなりの成功を収めたようである。建武二年（一三三五）一二月、足利尊氏が建武政権に反旗を翻して鎌倉で挙兵すると、顕家ははるばる東北から尊氏軍を追って京都まで遠征した。そして翌三年正月に京都で追いつき、尊氏軍を九州に追い落として窮地に追い込んだことはすでに述べたところである。

尊氏を京都から追い払った後、顕家は奥州に帰った。だが、その間に尊氏は京都を再占領して室町幕府を開いた。そこで吉野に逃れて南朝を発足させた後醍醐天皇は、顕家に再び遠征を命じる。後醍醐が前年の快進撃の再現を期待するのは当然で、尊氏もそれを思い出して恐怖におののいたことであろう。発足早々、室町幕府は試練に遭遇したのである。

美濃国青野原の戦い

とは言え、わずか半年で奥州の情勢は大きく変化していた。顕家の遠征中、陸奥国の武士たちが続々と足利方に寝返ったため、畿内の南朝を救援するどころか、彼は自身の安全の確保に努めなければならなかったのである。

それでも建武四年八月一一日、顕家は何とか二度目の遠征を開始する。だが一ヵ月に満たないで京都に到達した一度目と異なり、進撃のスピードは非常に遅い。顕家軍は四ヵ月後の同年一二月一三日にようやく利根川に到達し、幕府の防衛線を突破する。このときの幕府軍には、高重茂（しげもち）も参加していた。そして鎌倉に到着したのは、やっと同月二四日のこ

図10　対北畠顕家戦図

とであった。

しかし室町幕府の東国支配を担っていた関東執事斯波家長を討ち取り、翌五年正月二日に鎌倉を発つと行軍の速度は早まった。東海道を西へ進み、わずか二〇日あまりで美濃国に入った。ここからの合戦の経過を、主に『太平記』巻第一九の記述に基づいて再現してみよう。

顕家軍の後方を、先に関東で敗北した高重茂等の武将や三河国を突破された同国守護高師兼（師直の従兄弟で甥で猶子）の軍勢が追撃していた。これに美濃守護土岐頼遠軍が墨俣で合流した。彼らの軍議ではこのまま顕家軍を追跡し、宇治か瀬田のあたりで将軍尊氏の軍勢と挟撃する案も出された。だが頼遠が断固決戦を主張し、桃井直常もこれに賛成したため、足利軍は決戦策を採用することとなった。

これを知った北畠顕家軍は三里ほど引き返して、建武五年正月二八日、東から彼らを追跡してきた幕府軍と大激戦を繰り広げた。これが青野原の戦いである。ちなみに青野原は、これより二六二年後に天下分け目の戦いが行われた関ヶ原とほぼ同じ地点にある。

北畠顕家軍は足利軍を破った。墨俣川付近で高重茂が幕府軍二番手として、かつて中先代の乱を起こした北条時行の部隊と交戦して敗れたという。乱後の時行は南朝方に属していたのである。

幕府軍の敗北を知った京都の首脳陣は衝撃を受け、二年前と同様九州へ落ちて再起をはかる案まで出されたらしい。しかし高師泰が積極的に攻勢に出ることを主張し、これに将軍尊氏も執事高師直も賛成した。そこで師泰を大将とする諸国守護の連合軍が編成され、二月四日に京都を出陣し、六日早朝に美濃国の西端を流れる黒血川に到着した。彼らはそこで、文字どおり黒血川を背水として陣を設営した。

ただし一次史料によれば、すでに正月二〇日には高師冬（師直の従兄弟で猶子）が、同月二二日には師泰がすでに黒血川に布陣していた（建武五年二月四日付吉川経久着到状、周防吉川家文書および同年三月三日付諏訪部信恵軍忠状、諸家文書纂所収三刀屋文書）。また黒血川は、六七二年の壬申の乱において戦死者の血で真っ黒に染まったことからこう命名された伝説を持つ川であるが、実際は延長約二・五キロの小河川にすぎず、「決死の覚悟で背水の陣を敷いた」と形容するほど大げさでもない。『太平記』は、幕府軍の劣勢を誇張しているようである。

ともかく戦いには勝利したものの顕家軍の兵力の消耗も激しかったらしく、顕家は師泰等が敷いた黒血川の陣の突破を断念し、垂井から南に転進して伊勢国方面へ向かった。土岐頼遠以下の幕府軍は、戦闘には敗北した。しかし顕家軍を迂回させて幕府に十分な対策を練る時間を与えた点で、戦略的に重要な貢献を果たしたのであった。

分捕切棄の法

高師泰は伊勢へ向かった北畠顕家を追撃し、二月一四日には同国雲出川、一六日には櫛田川で顕家軍と交戦した（前掲建武五年三月三日付諏訪部信恵軍忠状）。顕家はこれをかわしながら大和国へ入った。そこで開住西阿等南朝勢力の支援を受けて態勢を立て直し、大和の幕府軍を撃破した。さらに京都までうかがう勢いを見せた。

しかし、遂に幕府執事高師直が大軍を率いて京都から出陣してきた。建武五年二月二八日、師直軍は奈良般若坂で顕家軍を撃破した（以上、前掲建武五年閏七月日付岡本良円軍忠状写など）。

このときの戦いで幕府軍が採用した革新的な戦功認定方法が、有名な「分捕切棄の法」である。敵の首をとるのが「分捕」で、最高の軍忠とされていた。従来は首をとるたびにいちいち首実検をしたり、合戦が終わるまで首を持ち続けなければならなかった。それでは不便なので、首をその場に棄てろと命じた。これが分捕切棄の法だ。軍忠は、その場でともに戦う味方に首を示して証人になってもらった。実際、建武五年七月日付吉川経久軍忠状（周防吉川家文書）に「分捕のこと、切棄たるべきの由、法に定めらるるの間、奈良坂において御敵一騎を切り捨つるの条、高橋中務丞・長門四郎に見せしめ候了」とあり、般若坂の合戦でこの法が実施されたことを確認できる。

分捕切棄の法は師直が創案したとされ、古い因習にとらわれずに合理性を尊ぶ彼らしい改革であると評価されてきた。しかし師直がこの方式を考案したことを裏づける史料的根拠は、実は存在しない。

前述の経久軍忠状に「法に定めらる」とあるのを見ると、これは師直出陣に先立って幕府で審議されて決定された軍法だったと考えられる。とすれば、これも前述したように当時の幕府で最高位の軍事指揮権を掌握していたのは足利直義であるから、最終的にこの法を承認して発令したのは直義である可能性が高いのではないだろうか。無論師直がこの戦功認定方式の決定にまったく関与していなかったと主張するつもりはないが、この件で師直の独創性や革新性を過剰に強調することには慎重であるべきだと考える。

なお般若坂の戦いにおける師直についても、以下に述べる逸話も看過できない。出陣に先立ち、師直は派遣するべき武将として桃井直常・直信(ただのぶ)兄弟を将軍尊氏に推薦し、彼らに出陣を命じる将軍の使者を自ら務めたという。師直の高評価と推薦に感激した桃井兄弟は全力を尽くして奮戦し、顕家軍を蹴散らした。これも武士に関する豊富な知識を活用して将軍を補佐する師直らしい逸話である。

ところが合戦の後、師直は彼らの軍忠を無視したため、怒った桃井氏は強い不満を抱いた(以上、『太平記』巻第一九)。自分で推薦しておいて期待どおりに武勇を挙げたのに無視するなど、話の展開として相当不自然ではあるがともかく紹介しておこう。

北畠顕家の戦死

般若坂で敗れた北畠顕家は、吉野へ撤退して義良親王を父後醍醐に預けた。そして自身は河内国へ転戦した。三月八日には摂津国天王寺(てんのうじ)まで進出して幕府軍と戦い、これを撃破した模様である。また顕家の弟である春日顕信(かすがあきのぶ)が山城国まで進出し、石清水八幡宮に籠城した。

そこで三月一二日に高師直はふたたび出陣し、翌一三日八幡宮を攻撃した（前掲建武五年閏七月日付岡本良円軍忠状写など）。一五日に顕家軍は摂津国渡辺で上杉重能以下上杉氏を主力とする幕府軍と交戦し、上杉憲藤・重行兄弟を討ち取っている。

図11　北畠顕家戦死の地

一方師直は八幡宮の顕国軍を大軍で厳重に封鎖し、自らは摂津方面へ進軍した。顕国に手こずっていると、もともと南朝の勢力が強い河内・和泉に展開する顕家軍が強大化して手がつけられなくなるので、その前に顕家軍を叩く判断だったらしい。そして一六日、阿倍野次いで天王寺で顕家軍と戦い、撃破した（『太平記』巻第一九および前掲建武五年閏七月二六日付岡本良円軍忠状写など）。ちなみに、この日の戦いでも分捕切棄の法が採用されている（前掲建武五年七月日付吉川経久軍忠状）。

そして五月二二日、高師直は和泉国堺浦で遂に顕家を討ち取った（『太平記』巻第一九および建武五年八月日付目賀田玄向軍忠状、土佐国蠹簡集残編など）。顕家は弱冠二〇歳であった。結果的に、顕国より先に顕家攻撃を優先した師直の判断は正しかった。ここに師直は、幕府の大きな軍事的脅威を除去したのである。

なお将軍足利尊氏の母上杉清子は同月二七日に甥の上野守護上杉憲顕と推定される人物に自筆の書状を送り、「ほそかハのひやうふのせう（細川兵部少〈輔〉、顕氏）・むさしのかみ（武蔵守、高師直）かう（高）名とこそ申候へ、きい（紀伊）のくんせ（軍勢）ひにけ（逃げ）候けるか、この二人してかやうに候とこそ申候へ」と述べ、従軍した武士たちがこの戦いで細川顕氏と高師直の活躍を賞賛したと伝えている。また清子は船も六艘焼けて沈んだとも述べており、このとき海戦も行われた模様である（以上、出羽上杉家文書）。

石清水八幡宮炎上

北畠顕家は倒したものの、石清水八幡宮に籠城する弟の春日顕信は依然健在であった。高師直はただちに八幡へ引き返し、顕国軍を攻撃した（前掲建武五年閏七月日付岡本良円軍忠状写など）。しかし、石清水八幡宮は難攻不落の要塞である。南北朝時代にはこの後もたびたび戦場となった地であるが、顕国軍もよく防戦に努めて一ヵ月以上も持ちこたえた。

そこで師直は七月五日の深夜、石清水八幡宮に火を放った（『中院一品記』同日条など）。

図12　石清水八幡宮

『太平記』巻第二〇によれば、忍者を潜入させたとのことである。このため石清水の社殿以下は、ことごとく焼亡してしまった。

　石清水の炎上は、当時の公家社会に大きな衝撃を与えたらしい。北畠顕家の父親房も、著書『神皇正統記』にこの事件を記している。北朝で内大臣を務めた三条公忠による日記『後愚昧記』応安四年記（一三七一）でも、このときの出来事はかなり詳細に記されている。この記事が書かれたのは事件が起こってから三〇年以上も後のことであるし、その間石清水は前述のように何度も戦場となって被害を受けている。それでもなお、師直の攻撃は強烈な出来事として記憶されていた模様である。当然神宝も多数焼失した。石清水の菊大路（きくおおじ）家文書にはこのとき失われた神宝の目録が残されているが、その数の多さには目を見張るばかりである。

石清水八幡宮は古来王城鎮護の神社であり、特に祭神の八幡神は清和源氏の守護神である。だから幕府軍も手荒な攻撃はできまいと顕国軍は考えていたようである。だが神仏の天罰など微塵も怖れない高師直は、彼らのあまい期待を平然と踏みにじったのである。これも高師直悪玉史観の形成に一役買った史実なのは確かであろう。

しかし合戦の際に寺社を破壊した武将は、師直が唯一でもなければ初めてでもない。むしろ、越前（えちぜん）国の新田義貞の勢いが増していつ京都に侵攻しても不思議でない状況だったにもかかわらず、彼が石清水放火を決断するまで一ヵ月以上も躊躇（ちゅうちょ）したらしいところに筆者などは興味を惹かれる。『太平記』巻第二〇によれば、越前の情勢が不穏になったために将軍尊氏にそちらへの対処を命じられたので、師直は放火を決断せざるをえなかったとのことである。『太平記』でさえも、師直が放火を決行したのは「進退谷（きわ）ま」ったためと記している。最終的には放火したものの、それを実行するまでにはさすがの高師直といえども相当の心理的葛藤があった形跡があることは指摘しておきたい。

そもそも蛮行ならば、敵の北畠顕家軍もすさまじいものがあったらしい。奥州勢は路次の民家を差し押さえ、神社仏閣を焼き払った。彼らが通った後には、一軒の家も一本の草木もなかったという（以上、『太平記』巻一九）。例によって誇張を差しひくにしても、南朝忠臣の顕家軍でさえこの有様である。師直「だけ」が非難されるいわれはない。

ともかく社殿および備蓄していた兵糧（ひょうろう）を燃やされて、幕府軍の攻撃を支えきれなくなった顕国は石清水を退去した。八幡宮の落城は、北陸から京都侵攻を目指し、越前国敦賀（つるが）まで進出していた新田義貞軍の進撃も食い止めたとされる。

以上、一度は足利尊氏を九州まで没落させ窮地に追い込んだ強大な敵の攻撃から京都を守るという重大な戦略的使命を、高師直は見事に果たしたのである。

塩冶高貞の討伐

暦応四年（一三四一）三月に起こった出雲・隠岐守護塩冶高貞（えんやたかさだ）の討伐事件は、北畠顕家との激戦と比較すれば、南北朝戦史における重要度はごく低い些事にすぎない。しかし高師直の人物像の形成に甚大な影響を及ぼした点において、師直の伝記である本書では絶対に省くことのできない出来事である。まずは、事件の経過を信頼できる一次史料によって再現してみよう。

暦応四年三月二四日、塩冶高貞は突然無断で京都から逐電（ちくでん）した。そのため、その夜大勢の武士が将軍尊氏と直義の屋敷に馳せ参じた。結局、桃井直常・山名時氏（やまなときうじ）以下が多数の軍勢を率いて高貞を追いかけたという（『師守記』同年同月二五日条）。実際、足利直義が二四日付で「佐々木近江守高貞、陰謀を企て逃れ下る所也、不日に誅伐すべし」と命じた軍勢催促状が数通残っている（出雲中沢文書など）。二九日、高貞が播磨国影山で幕府軍に追いつかれ、自害したという情報が京都にもたらされた（『師守記』同日条）。

以上が、一次史料から判明する高貞討伐事件の情報のすべてである。高師直どころか、高一族の名前さえ一切出てこない。執事の立場上、将軍兄弟の屋敷に参上して対応策の協議に加わったのは確実であろうが、師直の主体的関与は一切窺えないのである。

ところが『太平記』巻第二一には、塩冶高貞が京都を出たのは、美貌で有名な彼の妻に高師直が横恋慕し、随筆『徒然草』の作者として有名な兼好法師に依頼して艶書を代筆させるなどの悪行を行った挙げ句、高貞の陰謀の企てを捏造して将軍兄弟に讒言したためであるとする。

師直が高貞妻の入浴をのぞき見したというのも、このときの出来事である。ただしこの話は、妻の存在を師直に教えた侍従局が師直のストーカーぶりに困り果て、湯上がりの化粧をしていない素顔を見せればさすがの彼もあきらめるだろうと考えて手引きしたというのが正しい筋である。侍従局のこの作戦は裏目に出て、妻の素顔のあまりの美しさに師

図13 「太平記絵巻」第7巻（埼玉県立歴史と民俗の博物館所蔵）
師直の面前で，塩冶高貞妻に届ける兼好法師代筆の艶書が手渡される場面．

直はその場で悶絶し、彼女への想いをますます強めたわけであるが、厳密に言えば猥褻な行為ではない。

ところで『太平記』によれば、兼好が作成した恋文は高貞の妻には見向きもされなかったので師直を激怒させた。代わって師直の被官薬師寺公義が詠んだ和歌を贈ったところ、やはり振られた返事が戻ってきた。だがこの返事は『新古今和歌集』に収録されている歌に基づいていると公義が説明したところ、その博識は師直を大いに感心させ、褒美に公義は黄金の太刀を拝領したという。前述したように、公義は著名な武家歌人であった。

公義が師直に代わって詠んだ和歌は、彼の歌集『元可法師集』二五九番にも収録されている。よって師直の恋は完全に事実無根ではない可能性もあるが、少なくとも『太平記』の作為が大幅に入り込んでいると考えられている。
ちなみに江戸時代には、兼好法師は実は南朝のスパイであり、艶書代筆事件は幕府に内紛を起こさせ弱体化させる彼の謀略であったとする「陰謀論」まで唱えられたという。しかし『太平記』のこの件に関する一連の記事を完全な史実として認めている研究者は、現代ではほとんどいないであろう。

そもそも塩冶高貞とは何者であるか。塩冶氏は、近江国の宇多源氏佐々木氏の一族である。あの有名な婆娑羅大名佐々木導誉の遠い親戚にあたる。同氏は鎌倉時代から代々出雲守護を務めており、高貞も鎌倉最末期に出雲守護の立場にあった。元弘三年閏二月、後醍醐天皇が配流先の隠岐島を脱出して伯耆国の船上山に籠城すると、高貞は幕府を裏切って後醍醐の下に馳せ参じた。この功績で建武政権下の高貞は、隠岐守護も兼任する。

やがて建武二年一一月に新田義貞を総大将とする足利尊氏討伐軍に加わり、東海道を東に下る。ところが同年一二月一一日に行われた箱根・竹ノ下の戦いで、大友貞載とともに尊氏軍に寝返り、勝利に貢献する。そのため、室町幕府発足後も引き続き出雲・隠岐二ヵ国の守護を認められた。この経緯を見る限り、塩冶高貞は足利氏に心底から忠誠を誓う武士ではなかったようである。

事件が起きた暦応四年三月当時の全国の情勢を俯瞰すると、関東では北畠親房が指揮する南朝軍が頑強な抵抗を続けていた。あまりの苦戦ぶりに、一時は高師直を「東国管領」として下向させる構想まであったようである。しかし北陸・四国・西国の南朝方だけではなく比叡山と南都まで決起したため、師直を大和国に派遣する案が浮上し、結局師直の関東下向は中止された（以上、（興国二年〈一三四一〉）二月一八日および四月五日付北畠親房袖判御教書写、いずれも松平基則氏所蔵結城文書）。

越前国においても建武五年閏七月に新田義貞は戦死したものの、越前南軍の勢いはなお盛んで守護斯波高経と一進一退の攻防を繰り広げていた。

こうして見ると、幕府から南朝方に寝返る武士が出現しても不思議ではない形勢であったと考えられる。高貞が無断で京都を出たのも、直義が述べたように「陰謀を企てた（＝南朝に通じた）から」と素直に受け取るべきではないだろうか。

何より高貞の妻は早田宮真覚の娘で、後醍醐天皇の猶子で南朝の武将であった左中将源宗治の兄妹であり、南朝と深い関係を持つ女性であったとする説もある。だとすれば、妻の影響で高貞が本当に南朝方に寝返った可能性はいっそう高まるであろう。

高師直と兼好法師に交流があったのは確かである。貞和四年（一三四八）一二月二六日、兼好は師直の使者として北朝重臣洞院公賢のもとを訪れ、狩衣以下について相談している（『園太暦』同日条）。また、薬師寺公義が優れた歌人であったのもそのとおりである。だがそれだけのことである。塩冶高貞とも彼の妻ともまったく無関係なのに、『太平記』のおもしろおかしい創作の餌食にされた高師直こそいい迷惑である。なお塩冶氏の家紋と高氏の家紋は、奇しくも同じ「花輪違」であった（『見聞諸家紋』）。案外この偶然の一致が、この作り話のきっかけとなったのかもしれない。

本書冒頭でも述べたように、この逸話は江戸時代に『仮名手本忠臣蔵』によって赤穂事件と結びつけられ、浅野内匠頭＝塩冶高貞、吉良上野介＝高師直とされた。そして師直悪玉史観の形成に一役買うこととなった。その意味で塩冶高貞の討伐は、「歴史の歪曲」という問題を考える上でも看過できない史実であると考えられるのである。

足利直義との対立

削減される師直の権限

すでに見たように、室町幕府発足直後の高師直はきわめて広範かつ多種多様な活動を行っていた。しかし幕府が開かれてからわずか三〜四年で、大した失策も見られないのになぜか師直の権限は縮小し始める。

まず、建武五年（一三三八）頃から師直の引付頭人（ひきつけとうにん）としての奉書が見られなくなる。同職を解任された模様である。暦応改元（一三三八）の際に北朝の改元詔書を師直が将軍足利尊氏・直義（ただよし）兄弟とともに受け取ったことはすでに述べたが、次の康永改元（一三四二）のときには上杉朝定（ともさだ）が受領している（前掲『師守記』貞和元年〈一三四五〉一〇月二九日条裏書）。また聞書宣下の送付先も、遅くとも康永元年（一三四二）五月三〇日以前には師直から上杉朝定に変更されている（前掲『師守記』同日条裏書）。さらに貞和年間（一三四五〜五〇）には院宣（いんぜん）の施行（しぎょう）依頼の宛先も師直から足利直義となり、師直が発給する院宣施行状も姿を消すのである。

執事施行状の廃止

一連の師直抑制政策の中でも最重要と評価できるのが、暦応四年一〇月に行われた執事施行状の停止命令である。まずは史料を紹介しよう。

暦応四年一〇月三日制定室町幕府追加法第七条

一　御下文を給わると雖（いえど）も、下地を知行せざる輩の事（暦応四　十　三　仁政内談）
仁政沙汰たるべからざるかの由、前々（さきざき）内談し訖（おわんぬ）、引付行事たるべきの間、向後（きょうこう）その沙汰あるべからざる也、

前章ですでに言及した幕府追加法である。本法で幕府は、尊氏あるいは直義から下文を拝領したにもかかわらず、下文に記載された所領を実効支配できない武士に関する訴訟を、今後は仁政方（じんせいがた）で行わず引付方（ひきつけかた）で審理することを宣言した。

「御下文を給わると雖も、下地を知行せざる輩」に関する訴訟とは、執事施行状発給の審議を指すと筆者は解釈している。下文の沙汰付を守護に命じる執事施行状こそ、下文拝

領者にその下地を知行させる機能とまさしく合致しているからである。そして、本法が制定されるまで下文関連の訴訟を扱っていたとされる仁政方が執事施行状の発給機関であり、本法は下文実現業務を足利直義管轄機関である引付方に移管することで、執事施行状の停止と直義親裁権の強化を目指したものと推定した。

仁政方を執事施行状発給機関とする説は、現時点においては日本史学界の定説とはなっていない。しかし、この見解を明確に否定する批判も目下出現していない模様であるし、少なくとも本法が直義権力を強化することをもくろんだ法律である点については共通の一致を見ていると言ってよいであろう。

よって以下の記述も、筆者の説を前提に進めたいと思う。すでに述べたとおり、執事施行状は師直の現存発給文書の中で圧倒的に多く残っている文書である。将軍足利尊氏の恩賞充行袖判下文を実現させる業務こそ、執事高師直の根幹かつ最重要の任務だったと考えられるのである。足利直義は師直からその重要任務を取り上げ、今後は自分の管轄機関で行うことをわざわざ幕府追加法を発布する形式で表明したのである。これはもちろんただ事であるはずがない。

それでは足利直義はなぜ暦応四年の段階で、師直の執事施行状発給を制止しようとしたのであろうか。それには大別して以下に述べる二つの理由が考えられる。

戦時体制から平時体制へ

第一に、幕府の体制を平時体制に転換しようとしたのではないかと推定できることである。この時期の全国の情勢を見ると、すでに述べたように建武五年五月には北畠顕家が和泉国堺で戦死し、同年閏七月には新田義貞が越前国藤島（ふじしま）で討ち取られている。そして翌暦応二年八月には、南朝の元首後醍醐天皇までもが吉野で崩御する。後を継いだ後村上天皇はまだ幼君にすぎなかった。このように、当該期は南朝の大物が続々と死去していた時期なのである。

前述したように、暦応四年三月の時点では越前の南朝方は義貞戦死後も依然侮りがたい勢力を誇っており、塩冶高貞のように幕府への謀反を企む武士も出現するほどであった。しかし一〇月の段階では、越前守護斯波高経は同国の平定にほぼ成功した模様である。関東でも、関東執事高師冬（もろふゆ）が優勢に戦いを進めていた。

要するに幕府追加法第七条が制定された暦応四年一〇月は、南朝との戦いがほぼ終息しつつあった時期だったのである。

そもそも執事という職は、前代鎌倉幕府には存在しない地位であった。まして前述したように、執事施行状なる文書も前代には見られない。開幕直後の師直による施行状発給は、南朝との戦いを勝利に導くため、戦時の非常手段として直義も容認せざるをえなかった。しかし戦争も終息の見通しが立ちつつある現在、戦時体制を解除して本来あるべき姿に幕府を戻そう。そう直義は考えたのではないだろうか。

近年の日本史学界では、南北朝時代の政治・社会体制を戦時・平時の視点から検討し直す「戦争論」が流行している。執事施行状を見ても、この理論でうまく説明できるのである。ちなみに鎌倉府・九州探題・奥州探題といった室町幕府の地方統治機関についても、程度の差はあっても権限の縮小が見られる。

足利直義の政治思想

第二に、無論第一の理由とも密接に関わるが、足利直義が執権北条義時・泰時期の政治体制を理想としていたと考えられることが挙げられる。

前述したように、鎌倉幕府で将軍が発給した下文や執権・連署による下知状（いわゆる「関東下文」「関東下知状」）には施行状は存在しない。厳密に言えば、西国に出された関東下文・下知状には六波羅探題や鎮西探題などによる施行状が出されたが、それは下文・下知状の内容の遵守をただ拝領者に伝達するのみで、守護による沙汰付機能が欠落していた。鎌倉幕府には、下文や下知状の判決を拝領者以外の守護・使節といった第三者に強制執行で実現させるという発想自体が希薄だったようである。

そのような鎌倉幕府体制を理想とする直義が施行状を好まなかったと推定できる傍証としては、彼の発給文書に原則施行状が出されなかった事実を挙げることができる。これもすでに若干触れたが、兄の尊氏に準じて直義も所領安堵の下文を発給したり、所務沙汰の判決文である裁許下知状を下したりしていた。しかし直義下文には基本的に施行状はつかなかったし、直義下知状には引付頭人奉書による遵行命令が時折発せられたが、それは個別の事情によるところが大きく、執事施行状ほど明確に「施行状」化はしていなかった。

直義文書に施行状がつかなかった理由についても複数想定できるのであるが、安堵・裁許も南北朝末期には施行状発給が原則となったことを確認できるので、直義が己の政治理想から施行状を忌避した要素は否めないと思う。

また施行状には、それに先行して出される下文・下知状の実効性を高める反面、先行文書の権威を損ねかねない欠点があったと思われる。下文・下知状を所持していても施行状を拝領しなければ権益を享受できないとなれば、少なくとも論理的には下文・下知状の重要性は相対的に低下することとなる。そして、必然的に施行状発給者の政治的権威や権力が上昇することとなる。幕府発足直後の執事高師直の急激な地位の上昇こそ、それを雄弁に物語っているではないか。

結局、暦応～康永頃の幕府に見られる一連の政治的変化は、次のように解釈できるだろう。まず、師直の権限を鎌倉時代の足利家執事のレベルにできる限り戻す。下文については原則として下文自体の権威によってその内容を実現させ、それが不可能なケースに関しては引付方で慎重に審議を行って執行命令の発給を決定する。以上を遂行することで、伝統的な鎌倉幕府執権政治に極力近い体制を構築することを足利直義は目指したのだと考える。

師直の抵抗

それでは、追加法第七条による執事施行状の規制は実効性を発揮したであろうか。結論を先に言えば、実効性はほとんどともなわなかった。つまり、師直は七条の規定を無視したのである。

執事施行状の残存数を見ると、確かに七条発布後の暦応～康永頃には発給数が減少している。しかし、これは基となる将軍足利尊氏袖判下文や寄進状の発給頻度の減少によると考えられるので、七条の影響を過大に見積もることはできない。下文の減少は戦乱の沈静化による恩賞充行機会の減少あるいは業務そのものの停滞（恩賞遅引(ちいん)）によるものと推定できるが、ともかく執事施行状の発給は師直の死に至るまで連綿と続けられている。現実問題として、七条は執事施行状発給を抑止できなかったのである。

そもそも七条制定の経緯からして紛糾した形跡が窺える。本法は「仁政内談」、すなわち仁政方での審議を経て制定されたのであるが（事書の割注）、これ自体が異様である。幕府追加法は、基本的に評定や御前沙汰で制定されるのが普通である。また、本文にも「前々内談し訖」、つまり以前から内密の審議が行われたことが明記されている。水面下では相当の紆余曲折があった模様であり、そこには師直と直義の葛藤があったと思われる。

なぜ高師直は、幕府追加法を無視してまで執事施行状発給を継続したのであろうか。それは無論、自己の権勢や権力を維持するためであったと考えられる。将軍尊氏の恩賞充行を実現することで幕府や自己の政権基盤を強化するのに有効な執事施行状の発給は、彼にとって譲れない一線であったと考える。

加えて師直の執事施行状発給を可能とした理由として、諸国の武士層の広範な支持があったであろうことも看過できない。詳しく論じる余裕はないが、引付頭人奉書による下文の沙汰付命令は執事施行状よりも発給手続が煩瑣（はんさ）で、肝心の実効性も劣っていたらしい。武士たちは、否将軍の寄進状を拝領する寺社も、将軍の命令の実現の可能性がより高い執事施行状の拝領を希望したとおぼしいのである。

執事施行状の発給継続は、当然高師直と足利直義の対立を引き起こした模様である。事実、現在残されている両者の対立を物語る史料は、ほとんど七条が制定された暦応～康永頃に集中している。

不和の兆候

暦応五年二月五日付執事高師直奉書（薩摩島津家文書）

三条殿（足利直義）御違例の事に依り、諸人馳せ参ずるべからず、其の上既に御減気の間、御心安き所也、其の旨を存じ、大隅・薩摩両国地頭御家人等に相触れらるべきの状、仰せに依りて執達件の如し、

暦応五年二月五日　武蔵守（高師直）（花押）

嶋津上総入道（貞久）殿

暦応五年二月、足利直義は病気となった。このときの直義の病はかなり重かったらしく、『太平記』もわざわざ項目を設けて言及しているほどである（巻第二三）。同書によれば、北朝の光厳上皇が石清水八幡宮に告文を納めて直義の回復を祈ったとのことである。

ところがかかる緊急事態の中、高師直は地頭御家人が直義邸を見舞うことを禁止する奉書を発給したのである。現在残っているのは大隅・薩摩守護島津貞久に宛てたものだけだ

が、おそらく諸国の守護に発給されたであろう。この史料は、大正時代から直義と師直の対立を示すものとして知られていたものである（田中義成『南北朝時代史』講談社、一九七九年、初出一九二二年）。さらに康永三年一二月二二日に直義の三条御所が火災に遭ったが、このときも師直は見舞いを禁じる奉書を出している（同日付、薩摩島津家文書）。

また前述したように、康永三年六月頃に師直の母が死去した。師直は臨済宗の高僧虎関師錬に追悼文の朗読を依頼したが、師錬は彼の依頼を断っている。その理由の一つに、師直が将軍尊氏の命令に従わなかったことが挙げられている（以上、前掲『海蔵和尚紀年録』同年条）。不服従の内容は具体的には不明であるが、直義との対立が影響を及ぼしている可能性は高いであろう。なお『続群書類従』巻二三二所収の『海蔵和尚紀年録』では、このとき亡くなったのは父師重となっている。だが前述したように師重が死去したのは一年前の康永二年であるので、本書では師錬が師直の依頼を断ったのは母の死の追悼であると考えておく。

何より両者の対立は、南朝方にまで知られていた。

（興国四年〈一三四三、北朝康永二〉カ）七月三日付北畠親房書状追而書（陸奥相楽文書）

京都の凶徒の作法、以ての外に聞こえ候、直義・師直の不和、已に相剋に及ぶと

云々、滅亡程あるべからざるか、（後略）

当時関東地方で幕府軍と戦っていた南朝の総帥北畠親房は、東国の武士に宛てた書状の中で両者の対立に言及している。幕府の内紛は、南朝の宣伝材料となるほど深刻だったのである。

束の間の小春日和

しかし康永三年になると、一時足利直義と高師直の関係が修復した形跡が見られる。同年三月、幕府はそれまでの五方制引付方を改め、三方制内談方（ないだんがた）を発足させる（室町幕府引付番等注文、白河（しらかわ）結城家文書）。この幕政機構の改革は、直義の親裁権をいっそう強化したものと評価されている。この内談方の頭人に、師直は上杉朝定（ともさだ）・同重能（しげよし）とともに就任しているのである。

師直から見れば、執事施行状の発給を事実上黙認された上に、幕府発足当初と同様直義の機関に参加する。直義にとっても、強大な権勢を誇る師直を自らの機関に取り込むことで親裁権の強化を見込める。お互いにとってメリットがある、妥協点としては最大限あるべきところに落ち着いたという感じである。

もっとも、前述した虎関師錬が師直の依頼を断ったのも、師直が罹災した直義邸へ見舞いに行くことを禁止したのも、内談方の発足以降の出来事である。よって、完全な関係修復ではなかったようである。

だがすでに康永二年には関東の北畠親房も、幕府軍に敗北して吉野に撤退していた。この後数年間、大きな戦乱は見られなくなる。

康永四年八月二九日には、前述の師直が造営奉行を担当した天龍寺が完成し、落慶供養（らっけいくよう）が盛大に催されている。師直ももちろんこの儀式に参加し、高・上杉一族とともに布衣（ほい）を着用して将軍兄弟に続いて行進している（以上、山城国天龍寺供養日記、白河結城家文書など）。

同時に安国寺（あんこくじ）・利生塔（りしょうとう）の建設も順調に進展していた。これは、幕府が内乱の戦死者の冥福を祈る目的で諸国への設置を目指したものである。師直もこの業務に携わっており、例えば九州探題一色道猷（いっしきどうゆう）に筑後国利生塔の寺領に関する奉書を発給している（貞和三年八月二一日付執事奉書写、歴世（れきせい）古文書所収浄土寺（じょうどじ）文書）。

尊氏・直義の二頭政治体制も、表面上は円滑に機能していた。この時期はもはや内乱は終息し、名実ともに幕府の覇権が確立し、政策の重心は戦没者慰霊や訴訟による所領の整理などの戦後処理に移行した感があった。

また話は少し戻るが、暦応五年正月二一日頃に師直は急病にかかり、面会謝絶となった。

前述したようにほぼ同時期に直義も重病を患ったのも興味深いが、注目できるのは師直が発病したとき、洛中の軍勢が集結して騒動になっていることである（以上、『中院一品記』同日条）。師直が政界で不可欠の重要人物となっていることが窺える。ちなみに師直の病気としては、貞和二年（一三四六）八月頃に皮膚炎を起こしたことも知られる。このときも天下を驚かせたという（以上、『園太暦』同年同月一八日条）。

ともかく、一見小春日和のように平穏な状況が幕府に訪れるのである。この小康状態はしばらくの間続く。貞和三年八月に南朝の楠木正行（くすのきまさつら）が挙兵するまでは。

師直以外の高一族

このあたりで、高師直以外の高一族にも目を向けてみよう。南北朝期には、師直だけではなく他の高一族も幕府に貢献した。そこで高氏嫡流に限り、特に目立つ活躍を見せた武将について、観応の擾乱勃発以前の動向を簡単に紹介したい。すでに言及した部分もあるので、できるだけ重複を避けようと思う。

高師泰

まずは高師泰である。主に軍事面で師直に匹敵、否それ以上の大活躍をした武闘派の武将である。彼の妻は、将軍尊氏・直義兄弟を生んだ上杉清子の妹である（『尊卑分脈』）。つまり、師泰は尊氏兄弟の義理の叔父なのである。

鎌倉時代には四郎刑部丞と名乗っていたようである（『清源寺本』）。建武政権から尾張

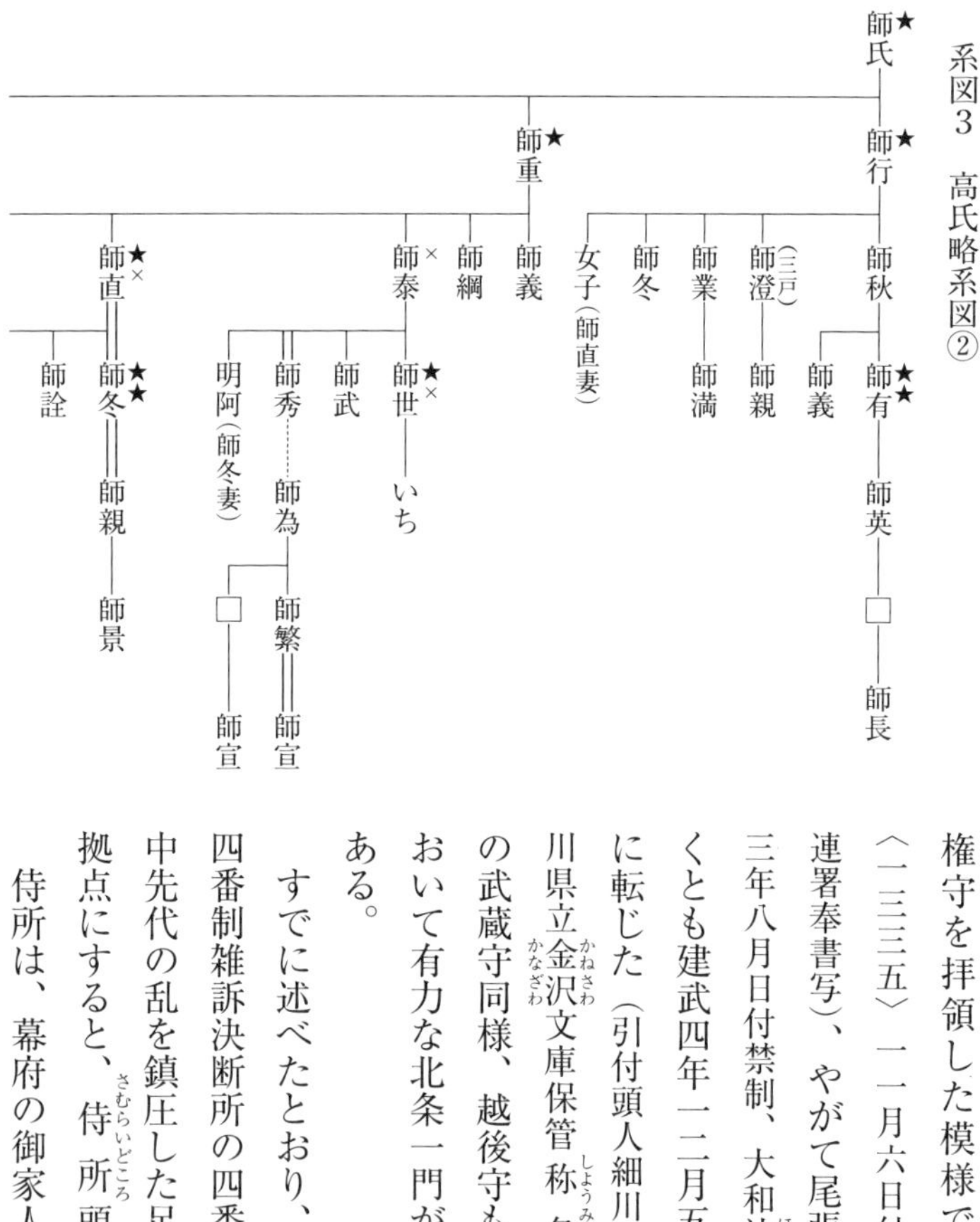

系図3　高氏略系図②

権守を拝領した模様で（前掲建武二年〈一三三五〉一一月六日付散位某・高師泰連署奉書写）、やがて尾張守となり（建武三年八月日付禁制、大和法隆寺文書）、遅くとも建武四年一二月五日までに越後守に転じた（引付頭人細川和氏奉書案、神奈川県立金沢文庫保管称名寺文書）。師直の武蔵守同様、越後守も前代鎌倉幕府において有力な北条一門が名乗った官職である。

すでに述べたとおり、建武政権下では四番制雑訴決断所の四番に参加している。中先代の乱を鎮圧した足利尊氏が鎌倉を拠点にすると、侍所頭人に任命された。

侍所は、幕府の御家人統制機関である。

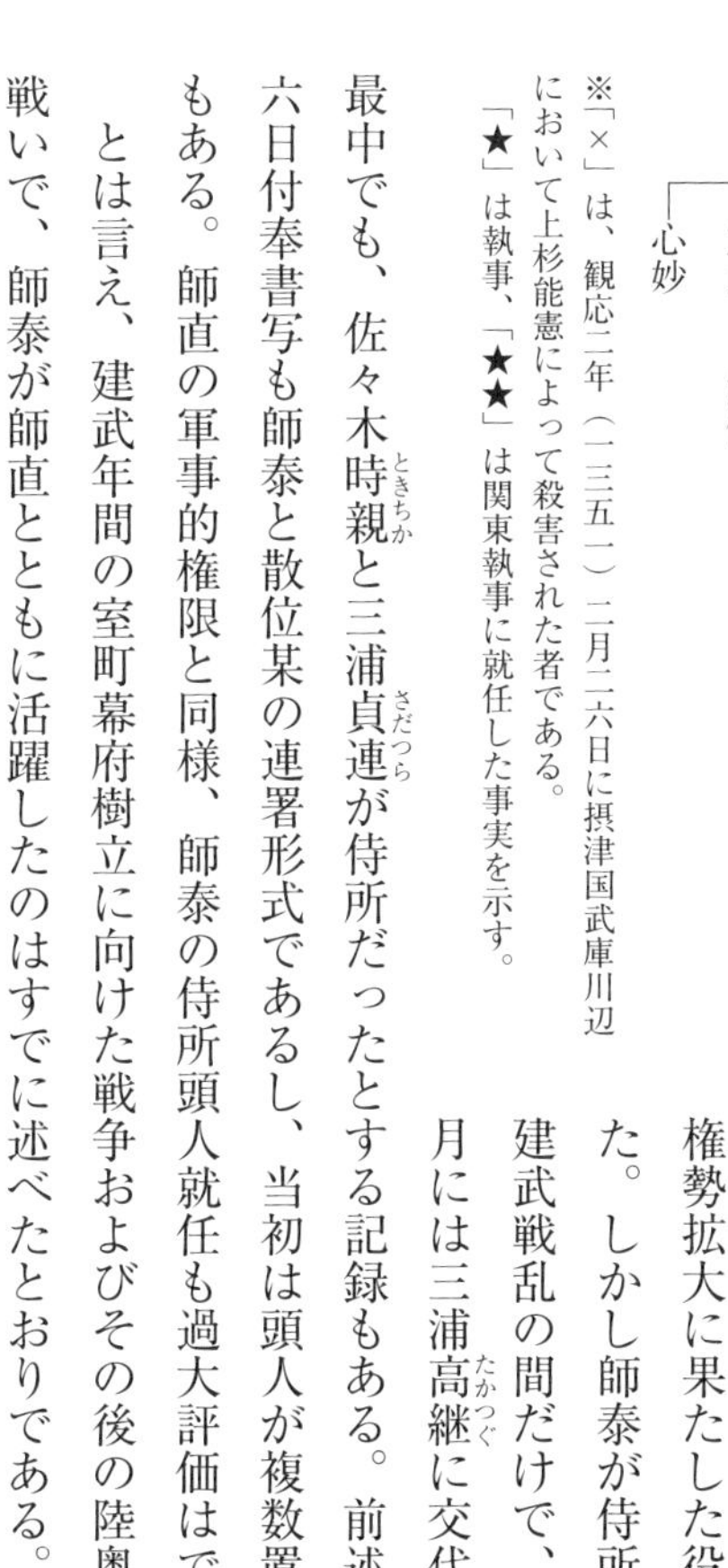

※「×」は、観応二年（一三五一）二月二六日に摂津国武庫川辺において上杉能憲によって殺害された者である。
「★」は執事、「★★」は関東執事に就任した事実を示す。

地頭御家人の検断沙汰も担当した。しかし南北朝後期には洛中の行政機関に変質し、やがて一色・山名・赤松・京極の四氏が交代で頭人を務める体制となった。これがいわゆる四職である。

従来、師泰の侍所頭人就任が高一族の権勢拡大に果たした役割が強調されてきた。しかし師泰が侍所頭人であったのは建武戦乱の間だけで、早くも建武四年八月には三浦高継に交代している。戦乱の最中でも、佐々木時親と三浦貞連が侍所だったとする記録もある。前述の建武二年一一月六日付奉書写も師泰と散位某の連署形式であるし、当初は頭人が複数置かれていた可能性もある。師直の軍事的権限と同様、師泰の侍所頭人就任も過大評価はできないのである。

とは言え、建武年間の室町幕府樹立に向けた戦争およびその後の陸奥国司北畠顕家との戦いで、師泰が師直とともに活躍したのはすでに述べたとおりである。基本的に、師泰は足利直義の副将軍として活動する傾向があったようだ。

師泰の軍事活動として特筆するべき戦功をさらに加えると、越前国金ケ崎城に立て籠もる新田義貞と戦うため、建武四年正月一日に大軍を率いて京都から出陣したことが挙げられる（同年三月日付市河経助軍忠状、本間美術館所蔵市河文書など）。そして三月六日、師泰以下の幕府軍は金ケ崎城を陥落させ、義貞は逃がしたものの後醍醐天皇皇子尊良親王および新田義顕（義貞子）等を自殺に追い込み、後醍醐皇子恒良親王を捕らえて京都に護送した（『梅松論』）。前述の越後守補任は、この功績による褒賞だったのかもしれない。

また暦応二年（一三三九）には、遠江国に出陣している。これは、遠江守護仁木義長を支援し、後醍醐天皇皇子宗良親王が率いる南朝軍を討伐する目的である。同年七月二二日には大平城を攻撃する（『瑠璃山年録残編裏書』同日条、遠江大福寺文書）。翌三年も遠江の南朝軍攻撃を継続し（『保暦間記』）、正月三〇日には三岳城、八月二四日には大平城が陥落し（『瑠璃山年録残編裏書』同年正月三〇日条および八月二四日条および『鶴岡社務記録』同年八月二四日条）、宗良は遠江から撤退している。

その他、暦応元年一二月四日には引付頭人としての活動が見られ（同日付引付頭人奉書写、諸家文書纂所収三刀屋文書）、越後・尾張・河内・和泉・石見・備後・長門の守護にも任命されている。ちなみに越後と尾張では、高師貞が守護代を務めていた事実が知られる。師貞が高一族であることは間違いないであろうが、詳細については不明である。

ところで、高師泰は師直の兄か弟かという問題がある。これについての見解は論者によって異なる。厳密に統計をとったわけではないが、弟説が若干優勢であるようだ。

弟説の根拠は、『園太暦』貞和三年（一三四七）一二月一八日条に「(師直の）舎弟師泰」と記されていることである。『園太暦』は北朝で太政大臣まで務めた公家洞院公賢の日記であり、当該期の一級史料である。しかし、武士の官職等については不正確で誤りが多いことでも定評がある。

一方、比較的信頼性が高いとされる『清源寺本』は、師泰を「四郎」、師直を「五郎」、つまり師泰を兄としている。この系図に従い、筆者は師泰を師直の兄と考えたい。なお『清源寺本』によれば、師泰・師直兄弟には師義・師綱という二人の兄がいた。元服するまで生存したが、二人とも「早世」との注記があり、夭折したらしい。

高師冬

高一族の中で、師直・師泰に次いで目立った活動が見られるのは高師冬である。

高師行の子で、後述する高師秋の弟である。つまり、血縁的には高師直の従兄弟にあたるが、師直の猶子となっている（『太平記』巻第二九など）。当初、四郎左衛門尉と名乗っていたらしいが（『清源寺本』）、建武五年（一三三八）正月二〇日付足利直義軍勢催促状で三河守と呼ばれており（二通、周防吉川家文書）、康永四年（一三四五）八月以前に播磨守へ移る（前掲山城国天龍寺供養日記）。

高師冬の最大の治績は、関東地方の南朝軍を鎮圧したことである。室町幕府は、関東地方に鎌倉府なる地方統治機関を設置した。当時の鎌倉府の首長は将軍足利尊氏の嫡子義詮であったが、義詮はまだ幼かったので関東執事が補佐して統治にあたっていた。当時の鎌倉府は二人の執事が設置されていたが、師冬は関東執事の一人として、常陸国を本拠に幕府に抵抗する南朝の総師北畠親房と死闘を繰り広げたのである。

師冬が京都を出発し、鎌倉へ向ったのは暦応二年四月のことである（暦応三年五月日付矢部定藤軍忠状写、彰考館所蔵諸家文書纂）。前年九月に船で伊勢国を出発した北畠親房が常陸国に漂着し、小田治久に迎えられて小田城に入城したので、それに対処するためであったと思われる。

鎌倉到着後、師冬は関東執事として関東地方に軍政を敷き、配下の武士に所領預置などを行っている（前掲暦応二年六月一一日付師冬奉書など）。この間、彼は武蔵守護も兼任している。

しかしすでに述べたように、幕府内部では高師直と足利直義の対立が深刻となっていた。もう一方の関東執事上杉憲顕（のりあき）は直義派であったので、師冬の南朝討伐作戦に非協力的であった。加えて憲顕は当時上野・越後の守護も兼ね、越後滞在の南朝宗良親王との戦いに専念していた。そのため師冬は相当苦戦したらしい。前述したように、一時は養父師直が関東に下向する案まであったようである。

だがそれでも師冬は、暦応四年一一月に小田治久を降した。北畠親房は常陸国関（せき）城、部将春日顕国（かすがあきくに）は同国大宝（だいほう）城に移住し、なお抵抗し続けた。そして康永二年一一月に関城・大宝城も陥落させ、親房を大和国吉野へ追い払った（康永二年一一月一三日付山内首藤時通（やまのうちすどうときみち）着到状、長門山内首藤家文書など）。ここに高師冬は、五年間を費やして遂に関東地方を平定したのである。

師冬は翌康永三年初頭まで戦後処理を行い（同年正月一三日付師冬奉書、越後榊原（さかきばら）文書）、それから京都に戻った。その後は貞和三年から観応元年（一三五〇）まで伊賀守護を務めた。

同年正月三日、高師冬はふたたび関東執事に任命されて京都を発つ（『祇園執行（しぎょう）日記』

同日条）。これが彼の運命の旅立ちとなるのであるが、それについては後述しよう。

高師秋

高師秋は師行の子で、師直の従兄弟である。上杉憲房の娘を妻とした（『尊卑分脈』）。『清源寺本』ははじめ太郎左衛門尉、次いで美作守↓土佐守と称したと伝える。

建武政権下の師秋で注目できる事績は、鎌倉将軍府で廂番を務めたことである（『建武記』）。廂番とは、鎌倉幕府においては当番で将軍の下に宿直して護衛する役職であった。鎌倉将軍府では成良親王を護衛する役であり、師秋はその六番に「高太郎左衛門尉師顕（秋）」として吉良満義・上杉重能等とともに現れる。

室町幕府発足後は、暦応元年から康永元年にかけて伊勢守護に在職し、南朝軍と戦っている（延元四年〈北朝暦応二〉九月日付潮田幹景軍忠状写、彰考館文庫原蔵諸家所蔵文書四など）。伊勢国は南朝の勢力が強い地域であり、室町期には国司北畠氏の勢力圏であった。この国の守護を任された師秋の任務は重要であったと言える。

しかし康永元年に伊勢守護が仁木義長に交代すると、以降師秋が目立った活動を行った形跡は見えなくなる。師直・師泰・師冬の華々しい大活躍と比較すると、地味な感じは否めないのである。それどころか『太平記』巻第二二には、以下に紹介する情けない逸話が記されている。

高師秋には、正妻の上杉氏のほかに非常に美しい愛人がいた。公家の菊亭実尹の妻であったという。伊勢守護に任命されて下向する際、師秋はこの愛人も連れて行こうとしたが、愛人はなかなか現れない。三日ほどしてようやく輿に乗って現れたので、喜んで彼女を連れて出発したところ、近江国瀬田の橋付近で風が吹いて、輿の簾を吹き上げた。中を見ると、八〇歳ほどの皺だらけで歯も一本もない腰の曲がった老尼がいた。伊勢下向を嫌がった愛人が、この尼を代わりに輿に入れて師秋を欺いたのである。

激怒した師秋は老婆を瀬田の橋詰に捨てて、急いで京都に戻った。しかし愛人はすでに行方不明で、しかも佐々木飽浦信胤という武士と浮気していることが判明した。ますます激昂した師秋は、飽浦を討とうとした。

飽浦はもともと細川定禅に従っていた武士で、建武の戦乱では備前・備中の平定に多大な功績があった。しかし、この事件をきっかけとして南朝方となり、備前国の小豆島で挙兵し瀬戸内海の海上交通路を制圧し、脇屋義助（新田義貞弟）の越前国から伊予国への転進を援護したという。

この逸話の真偽も、例によって定かではない。老尼とすり替わったというのは『堤中納言物語』収録の「花桜折る中将」の展開と共通しており、作為を感じる。また高一族が佐々木一族と女性をめぐって衝突し、相手を南朝方に寝返らせてしまうという話の基本的展開が、前述の高師直の横恋慕事件と共通しているとの国文学からの指摘もある。ともかく、高師秋の評価が当時低かったのは確かであるようだ。

というわけで従兄弟師直と対抗するため、高師秋は足利直義に接近していった。そして観応の擾乱に際しては、高氏嫡流では唯一の直義派の武将として師直と戦うのである。

なお高師秋に関して忘れてはならないのは、例の足利尊氏の祖父家時の置文をめぐる話である。家時は、置文を執事高師氏に託して自殺した。その置文が師氏の子師行に伝わったことはすでに述べたが、師行はこれをさらに子息師秋に伝えたのである。その事実が判明する足利直義御内書が存在し、それについてもすでに言及している。せっかくなのでここで全文を引用しよう。

無年号四月五日付足利直義御内書（山城醍醐寺三宝院文書）

故報国寺殿（足利家時）御終焉の時、心仏（高師氏）に遣わせらるる御書、拝見の処、感激肝に銘ずる者也、仍之を召し置き訖、案文を遣わすの状、件の如し、

四月五日　（足利直義）（花押）

高土佐守（師秋）殿

「足利家時が臨終する際に高師氏に託した置文を、孫の足利直義が高師秋より拝見して非常に感激した。そこでこの置文の正文（しょうもん）は直義が預かり、師秋には案文を与えることにした」と直義が師秋に伝える内容である。発給された年代は貞和あるいは観応頃と推定されているが、いずれにせよ直義が家時置文を見たのが開幕後相当経ってからであるのは確かだ。この史料を基にさまざまな議論がなされているが、とりあえず本書ではここから高師秋と足利直義に密接な関係が窺えることを指摘するにとどめたい。

栄光と没落

四条畷の戦い

楠木正行の挙兵

貞和三年（一三四七）八月、楠木正成の遺児正行が河内国で挙兵し、摂津国へ進出して焼き討ちを行うなどした。幕府は、河内・和泉・讃岐守護細川顕氏を大将とする討伐軍を派遣した。しかし顕氏軍は、九月一七日の河内国藤井寺合戦で正行軍に大敗を喫した。

そこで幕府は、丹波・丹後・伯耆・隠岐守護山名時氏の軍勢を援軍として送った。しかし一一月二六日、顕氏以下の幕府軍は正行軍に和泉国堺および摂津国住吉・天王寺と連敗し、京都に逃げ戻った。時氏の弟兼義が戦死し、時氏自身も負傷する大損害であった。

細川顕氏も山名時氏も決して弱くない歴戦の勇将であった。また兵力も藤井寺では三〇

○○騎、住吉では六○○○○騎と伝えられており（『太平記』巻第二五）、充実していたはずである。にもかかわらず無様な醜態を晒したことは、将軍足利尊氏以下の幕府首脳部に大きな衝撃を与えたに違いない。正行の父正成に痛い目に遭わされて滅んだ前代鎌倉幕府の悪夢も、彼らの脳裏をよぎったのではないだろうか。

師直・師泰出陣

　幕府は細川顕氏の河内・和泉守護を罷免し、高師泰に交代させた。このとき土佐守護も、細川皇海（顕氏弟）から高一族の高弁房定信（師直従兄弟）に交代したと考えられている。

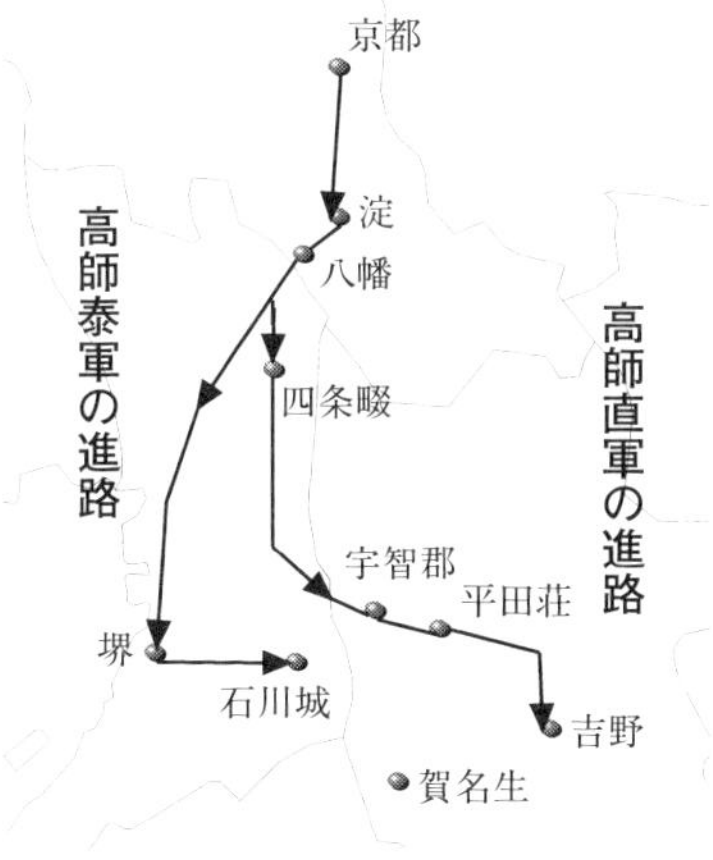

図14　四条畷の戦い図

　そして一二月一四日、高師泰の軍勢三千余騎が出陣した。これに四国・中国・東山・東海の諸道二〇ヵ国あまりの軍勢が加わって、総勢二万余騎に達したという。師泰は、いったん山城国淀にとどまった（『師守記』同日条および『太平記』巻第二六）。

　次いで幕府は執事高師直を総大将とする大軍を編成し、二六日に出陣させた（『師守記』同日条。なお、師直出陣の日付については史料によって若干異なる)。その兵力は師直直轄軍が七千余騎で、こちらにも諸国の軍勢が加勢して六万騎あまりとなった（以上、兵力に関しては『太平記』巻第二六)。師泰と合わせて八万騎を超える大軍である。例によって『太平記』の誇張があるだろうが、それを差し引いても幕府の総力を結集した観のある大軍である。ちなみに醍醐寺僧房玄大僧都の日記『房玄法印記』は、このときの師直軍の兵力を一万騎あまりとしている（貞和四年正月二日条)。師直も山城国八幡に滞留し、ここで年を越した（前掲『師守記』貞和三年一二月二六日条)。

それでは、『太平記』巻第二六を中心に戦闘の経過を簡単に再現してみよう。以下、この戦いに関して史料の出典に言及しない箇所は同書の記述である。

上山六郎左衛門の奮戦

予定どおり高兄弟は、淀・八幡で年を越した。翌貞和四年正月二日、まず高師泰軍が淀を出発し、和泉国堺浦に陣を敷いた。同じく高師直軍も出陣し、河内国四条畷に本陣を置いた（前掲『房玄法印記』同日条)。他の武将もその周囲に布陣した。

幕府の大軍の来襲に対し、兵力で圧倒的に劣る楠木正行は師直の本陣を直接攻撃して師直を討ち取る作戦を採った。正月五日早朝、まず南朝の公卿である中納言四条隆資率いる別働隊が、飯盛山に陣取る県下野守以下白旗一揆の幕府部隊を攻撃した。これは飯盛山の白旗一揆および秋篠・外山の峰に布陣する大旗・小旗一揆が麓に下山し、師直を援護することを不可能にするための正行の作戦であった。

そして正行の本隊は、師直の本陣をめがけて脇目もふらずに突進した。四条隆資の陽動作戦を見破り別ルートを迂回して正行本隊をさえぎった県下野守の部隊を撃破し、安芸守護武田信武の部隊も倒した。正行軍の後陣は出雲守護佐々木導誉らの部隊によって壊滅したが、前陣はかまわず前進して細川清氏・仁木頼章・下総守護千葉貞胤などの部隊を蹴散らし、ついに師直の本陣に突入した。

本陣では、阿波・伊予守護細川頼春や遠江・駿河守護今川範国、そして三河守護高師兼・伊賀守護高師冬・備中守護南宗継といった高一族の武将などが控えていた

図15　「太平記絵巻」第８巻（ニューヨーク・パブリック・ライブラリー／スペンサーコレクション所蔵）
師直の鎧を若党と奪い合う上山六郎左衛門.

が、彼らも楠木軍の勢いに押されて遂に本陣は総崩れとなった。淀・八幡どころか、京都まで逃げ戻る武士が続出したという。このとき、高一族では南次郎左衛門尉が戦死した。正行直々に討たれたようである。

これを見た総大将高師直は、少しもひるまずに「引き返せ。敵は小勢にすぎない。師直はここにいる。京都へ逃げ帰る奴は、何の面目があって将軍にお目にかかれるか。運命は天にある。名を惜しもうとは思わないのか」と叫んだので、良心のある兵は引きとどまって師直を守った。

土岐周済房(しゅうさいぼう)という武将も配下の兵を全員討たれ、自身も負傷したので逃げようとした。だが「日頃は偉そうに大言壮語ばかり言っているのに見苦しいですな」と師直に言われたので、「何が見苦しいのでしょうか。ならば討ち死にしてみせましょう」と言い返して、馬を引き返して敵の中へ突撃し、戦死したという。これを見た雑賀次郎も同様に討ち死にした。

このとき上山(うえやま)六郎左衛門(『天正(てんしょう)本太平記』では長井(ながい)修理亮(しゅりのすけ))という武士が、雑談をしようと師直の本陣(ほんじん)を訪れていた。上山は武装もしていなかった。彼もまさか本陣が危機に陥るとは夢にも思っていなかったのである。そこに楠木軍の奇襲があったので、咄嗟(とっさ)の判断で上山はそばに置かれていた師直の鎧を着用しようとした。それを咎めた師直の若党が上山と揉めているのを見た師直は、馬を飛び降りて若党をにらみ、「今、師直の命に代わろうとしている人々に、たとえ千着万着の鎧を差し上げても何が惜しいのか」と叱りつけた。それから上山に「ご立派に鎧を着られましたな」とねぎらいの言葉をかけたので、上山は感激した。そして、師直の身代わりとなって戦死したのである。先に紹介した「八幡殿(源義家)より以来、源家累代の執権として、武功天下に顕れたる高武蔵守師直是にあり」という名乗りは、このとき上山が発したものである。

上山が奮戦している隙に師直は遠くへ避難し、からくも窮地を脱した。討ち取った武士が師直ではなく上山であることを知った楠木正行は当初激怒したが、考え直して「日本一の剛の者」と上山の武勲を褒め称え、彼の首を丁重に扱ったという。

正行の戦死

その後、楠木軍の鼻田弥次郎と和田新兵衛が本物の師直を発見した。彼らはわざと後退して師直をおびき寄せ、逆襲して彼を討とうとした。しかし師直は、敵のこの意図を見抜いて少しも馬を動かさなかった。『太平記』は、このときの師直を「思慮深き大将」と評価している。ただし高師冬の軍勢は挑発に乗って楠木軍を追いかけ、反撃を受けて五〇人あまりの損害を出し、本陣をも過ぎて二〇町以上も退いたという。

結局楠木正行は、師直を討つ好機を逃した。その後も必死に戦い続けたが、所詮は多勢に無勢、負傷して遂に弟の正時と刺し違えて自害した。正行配下の和田新発意は、師直軍に紛れこんで彼を刺殺しようと近づいた。しかし師直軍に投降し、和田の顔を知っていた湯浅本宮太郎左衛門という武士に見破られて討たれるといった逸話なども残されている。ちなみに湯浅も和田の怨霊によって数日後に死んだという。

以上の戦闘は、すべて正月五日のわずか一日で起こったことである。これが世に名高い四条畷の戦いである。上山が師直の身代わりとなって戦死したことは、師直の人望が篤い武将ぶりを示すエピソードとして古来知られている。だが筆者は、土岐周済房が戦死した逸話もなかなか興味深いと思うのであるがいかがだろうか。

吉野行宮の炎上

高師直が四条畷で楠木正行を倒した後、正月八日に高師泰は六千余騎を率いて和泉国堺浦を発し、河内国石川河原に進出して向城を設営した（『太平記』巻第二六）。ここは、楠木氏の本拠地である千早城・赤坂城に向かう登山口にあたる。師泰軍が石川城付近にある聖徳太子廟の太子像を破損し、砂金を奪った上に太子廟を焼き払う暴挙を敢行したのは、このときのことである（『園太暦』貞和四年二月三日

図16　聖徳太子廟

図17　金峯山寺（きんぷせんじ）

吉野行宮の中心的位置を占めていた寺院．写真の蔵王堂は，現在国宝である．

条など)。

一方師直は正月一五日に大和国平田荘に進軍し(『園太暦』貞和四年正月二〇日条)、そこから南朝の本拠地である吉野行宮に向かった。後村上天皇以下の南朝は吉野の防衛を放棄し、さらに奥地の賀名生に撤退した。無人の吉野に入城した師直軍は、皇居以下南朝の施設をことごとく焼き払ってしまったという(以上、『太平記』巻第二六)。時に貞和四年正月二六日から三〇日にかけての出来事であったらしい(『房玄法印記』同年同月二六日条および三〇日条)。

いくら敵対しているとは言え、仮にも天皇の住居を焼失させるなど、当時の公家社会に与えた衝撃は計り知れなかったであろう。師直のこの暴挙は、『太平記』でも「此悪行身に留まらば、師直忽ちに亡びなんと、思はぬ人は無かりけり」と口を極めて非難されている。この史実もまた、高師直悪玉史観を形成した大きな要因だと考えられる。

しかし敵の本拠地を徹底的に破壊することは、戦略としては決して間違っていないであろう。しかも吉野は、かつて護良親王が鎌倉幕府軍と戦ったときに籠城したほどの天然の軍事要塞である。そのまま温存する方がおかしいではないか。そもそも対象が皇居であることを除けば、師直が行ったことは実はそれほど目新しいことではない。

むしろ筆者が注目したいのは、建武五年（一三三八）に春日顕国が籠城する石清水八幡宮に放火したときは一ヵ月以上も躊躇した師直が、およそ一〇年後の今回はまったくためらった様子が見えないことである。これを合理的精神を発達させた彼の武将としての成長と見るか、伝統や宗教的権威への怖れがなくなった現れと見るか。さまざまな解釈が可能であろうが、そのあたりの判断は読者にゆだねたいと思う。

ともかく吉野を焼き尽くした師直は、意気揚々と京都に引き上げた。途中二月八日、平田荘あたりで南朝軍の反撃を受けた。この戦いでは佐々木導誉が負傷し、導誉の嫡男秀宗が戦死する損害を出した（以上、『房玄法印記』同日条など）。だが総体的に見て、あの楠木正成の遺児正行を討ち、南朝の本拠地を壊滅させた師直の戦果が甚大であったことは疑いようがない。

なお師泰は、この後しばらく河内・和泉守護として河内国石川城に駐屯し、南朝の残党掃討戦を展開した（『太平記』巻第二六）。楠木正行の住宅を焼き払うなどしている（貞和五年〈一三四九〉七月日付田代了賢軍忠状、筑後田代文書）。

師直兄弟の専横

四条畷の戦いに勝利した後、執事高師直・師泰兄弟の専横はますます激しくなったという。『太平記』巻第二六に記されている具体的な事例を瞥見してみよう。

まず高師直は、一条今出川に豪邸をかまえた。これについてはすでに前に紹介した。そして、京都の皇族や貴族の女性たちを数多く愛人にした。口の悪い京都っ子たちは、これを「執事の宮廻り」と称して嘲笑した。特に二条前関白の妹を盗み出し、彼女との間に男児が生まれたことが特筆されている。これが武蔵五郎と名乗った高師夏である。

お屋敷に住んで高貴な美女を多数愛人にする。確かにうらやましい。もといけしからぬ。だがこれらは、古今東西富や権力を得た者なら多かれ少なかれ誰でも行っていることである。正直この程度のことで師直一人が非難される筋合いはない。まして、これらの所業は師直の武将や政治家としての評価とはまったく無関係である。なお師直の好色話は『太平記』以外にもいくつか散見するが、史料的にもストーリー的にも信用に値しない。

師泰にも数々の悪行が伝えられている。あるとき師泰は、正三位参議菅原在登の領地である京都の東山枝橋の土地に山荘を造ろうと思い、在登へ許可を求める使者を派遣した。在登は、「山荘をお造りになるのはかまいません。ですが、かの地は菅原家の先祖代々の墓所ですので、墓をほかの場所へ移転するまでお待ちいただきたい」と返答した。それを聞いた師泰は、「本当は土地をおれに渡したくないので、そのような返事をしたに違いない。すぐにそれらの墓を掘り崩して捨てろ」と命令し、五〜六〇〇〇人ほどの人夫を遣わして、墓を破壊してしまった。さらにこの所業を揶揄した落書を書いた犯人を在登と疑い、吾護殿なる怪力を持つ大覚寺二品寛尊法親王の寵童に命じて在登を殺害させたという。

菅原在登が寵童に殺害されたことは史実で、一次史料で確認できる（『祇園執行日記』観応元年〈一三五〇〉五月一六日条）。殺害時在登は七九歳で、当時としては非常に高齢であった。そのため、前代未聞の珍事として世間の注目を集めた模様である。

だが、師泰がこれを命じたというのは裏がとれない。後で触れるが、そもそもこの事件が起こった観応元年五月頃、高師泰は石見遠征の準備の真っ最中であったと考えられる。参議とは言え、政治的実権がほとんどない老人をいじめ殺しているひまなどなかったのである。

これに関連して貞和四年四月二九日、前内大臣大炊御門冬信の屋敷が放火された（『園太暦』同日条）。『天正本太平記』巻第二六では、冬信が高師夏の母にラブレターを贈ったため、激怒した師直が若党の河津・高橋に放火させたとする。『太平記』のこのあたりの記事には、どうも当時注目を浴びた凶悪事件の発生原因を高兄弟になすりつける傾向があるようだ。いわゆる「陰謀論」である。

枝橋の山荘造営に関しては続きがある。山荘造営の工事現場を大納言四条隆陰に仕える大蔵少輔重藤・古見源左衛門という二人の青侍が通りかかった。人夫が一生懸命働く様子を見た彼らは、「ああかわいそうに。いくらいやしい人夫であっても、ここまで気張らなくてもよいのに」とつぶやいて通り過ぎた。それを聞いた現場監督の中間が、これを師泰に報告した。師泰は激怒し、「そんなに人夫をいたわるのならば、そいつらを働かせよう」と言って青侍たちを呼び返して、人夫の作業服を着せて真夏の猛暑日に一日中こき使ったという。例によって『太平記』の創作くさい。

また『太平記』には、師泰が陣を置いた石川河原周辺の寺社本所領を押領したため、聖徳太子以来七〇〇年間一瞬たりとも絶えなかった天王寺の常住の灯が消えてしまったことが記されている。実際、掃部寮領河内国大庭荘を師泰が兵粮料所として濫妨をはたらき、配下の軍勢に分配した事実が知られる（『園太暦』貞和四年二月五日条）。

しかし寺社本所領荘園の押領や濫妨は、この時代の守護クラスの武将ならほとんど皆行っていたことである。否、高兄弟によるこの手の悪行の所見は、むしろ他の武将に比べて非常に少ないくらいである。

さらに言えば、師泰が大庭荘を占領したのは河内・和泉守護としての立場に基づくものであり、多分に南朝軍の残党を掃討するための軍事費を捻出する目的の要素が大きかったと考えられる。単純に私利私欲だけで行ったとは言えない。兵粮料所というのは口実ではなく、実態をともなっていたのではないだろうか。

ちなみに兵粮料所の設定自体は、合法的な守護の権限であった。『園太暦』を書いた北朝重臣洞院公賢も非難したのは、師泰の料所設置が北朝や幕府の許可を得ずに無断でなされたことであった。つまり逆に言えば、北朝あるいは幕府の承認手続を経ていれば、これは何ら問題はなかったのである。

『太平記』には、師泰の悪行がもう一件記されている。「河内・和泉にあるお寺の塔の九輪は赤銅でできています。これを溶かして作った鑵子で水を涌かし、お茶にして飲めばとてもおいしいでしょう」と師泰をそそのかした極悪人がいた。師泰が早速これを実行したところ、確かにたいそう美味であった。師泰に従って集まった諸国の武士もこれを真似たので、両国の塔婆の九輪はことごとくなくなってしまったという。

この逸話も真偽不明である。率直に言ってこれは笑い話の類で、まともに受け取るべきエピソードではないように筆者には見受けられる。なお前にも触れた外山英策は、これに関して「勿論許容し難きことであるが、然し風流と云へば風流にて、茶道の祖と仰がる、千利休にも、これに類似の所行が数多あった」と評している。鑵子の件が仮に事実であったとしても、しょせんはこの程度の悪行に過ぎないわけである。

こうして見ると、高兄弟の悪行なるものはほとんど一次史料で裏づけできない。仮に事実だったとしても、菅原在登の殺害や大炊御門冬信邸への放火はともかく、どれもこれも実はあまり大したレベルではない。少々度が過ぎた悪戯程度であって、これ以上の人道上の凶悪犯罪など古今東西の歴史をひもとけばいくらでも存在するのである。

『太平記』は続けて上杉重能と畠山直宗が、将軍兄弟に師直兄弟の悪行を讒言したことを記している。

上杉重能と畠山直宗

上杉重能は、足利直義側近の武将である。官途は伊豆守を名乗っていた。直義親裁の訴訟機関である内談方の頭人を、師直とともに務めていた。貞和四年一〇月八日に直義袖判下文の施行状を発給した事例も知られ（豊後詫摩文書）、「直義の執事」と評されることも多い。畠山直宗は足利一門の武将である。実名の直宗は直義の偏諱を賜ったものと考えられ、重能同様彼も直義の側近であった。それ以外の活動はほとんど知られない。

だが彼らの具体的な讒言の内容は、実は一切記されていない。中国の故事を述べた長文が延々と続くだけで、正直言って退屈である。そして『太平記』でさえ、尊氏兄弟が彼らの讒言をまったく信用しなかったと述べている。

なお同時代人による師直批判としては、北畠親房が述べた「家僕師直、虎の威を仮り、重代の武士を陵轢す。彼等一族の誇張、已に高時等の行事に比擬す」の一節が知られている（『関城書』）。だが、これは室町幕府と敵対する南朝の総帥が行った宣伝の文句であるから、当然それを差し引いて考えなければならないであろう。

僧妙吉の讒言

だが僧妙吉の讒言は、足利直義の判断に影響を及ぼした模様である。

妙吉とは、夢窓疎石の兄弟弟子といわれている僧侶である。夢窓疎石は、鎌倉後期〜南北朝期に臨済宗の全盛を築いた高僧である。北条貞時・後醍醐天皇・足利尊氏など当該期の最高権力者たちの帰依を受け、天龍寺の開山や南禅寺の住職などを務めた。当然直義の帰依も篤く、臨済禅に関する足利直義の疑問に夢窓疎石が答える形式をとった仏教書である『夢中問答集』も著名である。

妙吉は、このような高僧に紹介されて直義に接近した。よって、彼もまた直義以下多くの武士の尊敬を集めていた。しかし高師直・師泰兄弟だけはなぜか妙吉をまったく尊重せず、道で出会っても下馬もしないなど彼を軽んじ続けた。これを不快に思った妙吉は、前述の上杉重能・畠山直宗といった反師直派の武将たちと親密になり、やがて直義に師直を讒言するようになったという。その内容を列挙してみよう。これらもすべて『太平記』巻第二六に記されている。

①恩賞として拝領した所領の規模が小さいと文句を言ってきた武士に対して、周辺の寺社本所領を押領することを推奨した。

②罪を犯したために所領を没収され、コネを使って接近してきた人に対して、「よしよし師直は知らんぷりをしていよう。たとえいかなる高貴な人の命令だったとしても、それを無視して今までの所領を知行しろ」と不正な裁定を下した。

③「どうしてもこの国に天皇が存在しなくてはならないのであれば、木か金で天皇の人形を作り、生身の上皇や天皇は遠くに流してしまえ」と放言した。

これらは、高師直に言及する諸書で必ず引用されてきた逸話である。師直をご存じなくても、讒言③などはどこかで見聞した記憶がある方も多いのではないだろうか。いずれも幕府の重要政策に関わる案件であり、事実だとすればきわめてゆゆしき言動である。豪邸だの女遊びだのとは次元が異なる悪行で、看過はできない。これら妙吉の讒言こそ、師直悪玉史観の核心を形成する逸話なのである。

しかし従来師直が行ったとされてきたこれらの言動は、あくまでも僧妙吉の讒言であることに留意する必要があるのではないだろうか。「讒言」とは、「事実を曲げたり、ありもしない事柄を作り上げたりして、その人のことを目上の人に悪く言うこと」である。つまりこれらの言動は、師直に対する根も葉もない濡れ衣であった可能性が非常に高いのである。

特に讒言①については、エピローグで詳しく考察したい。だが讒言の真偽はともかく、少なくとも四条畷の戦いの前後から執事高師直の政治力がいっそう上昇したのは確かであるようだ。『太平記』でも、前述の塩冶（えんや）高貞（たかさだ）の件を除けば、執事兄弟に対する批判はことごとく四条畷以後に集中している。『園太暦』『師守記』など当時の公家が書いた日記でも、高兄弟に関する言及が飛躍的に増えてくるのは四条畷以降なのである。難敵楠木正行を倒したことで彼らの勢威が高まり、北朝の貴族たちもその言動に注目するようになったのであろう。

ここに康永以降何とか維持してきた幕府内部の勢力均衡が崩れた。師直の権勢を警戒した足利直義は、ついに師直の排除を決意した。

観応の擾乱

師直暗殺計画

『太平記』巻第二七には、足利直義が高師直暗殺を企てた記事が見える。

これによれば、直義は先に挙げた上杉重能・畠山直宗に大高重成（だいこうしげなり）および幕府奉行人の粟飯原清胤（あいはらきよたね）・斎藤季基（さいとうすえもと）などを加え、執事兄弟の暗殺の謀議を密かに練ったという。怪力を誇る重成と武芸に優れた宍戸朝重（ししどともしげ）が直接手を下すこととし、彼らが討ち損じたときに備えて一〇〇人以上の武士を隠し、京都の三条坊門高倉（ぼうもんたかくら）にある直義邸に師直を呼んだ。

ここに登場する大高重成は高一族の庶流で、嫡流に劣らない活躍を見せた武将である。本書でもこれまで時折姿を見せていたが、室町幕府が発足してからは若狭（わかさ）守護・小侍（こさむらい）

所頭人といった要職を務めた。官途は伊予権守である。

しかし何と言っても歴史上最も有名な重成の業績は、康永三年（一三四四）に前述の『夢中問答集』を刊行したことである。これから窺えるように、高師秋とともに重成は高一族の中ではめずらしい直義派の武将であった。そのため、師直暗殺の謀議に加わったのである。

話を元に戻すと、師直は直義にまんまとだまされ、直義邸に参上して一人で客殿に座っていた。絶体絶命のそのとき、なぜか粟飯原清胤が突然変心して師直に目配せをした。気配を察知した師直は、急いで一条今出川の自宅に逃げ帰った。その夜、粟飯原と斎藤の二人が師直邸を訪問し、直義の謀略や上杉・畠山の陰謀を密告した。師直は彼らにたくさんの物品を与えて二重スパイとし、自邸の周辺を配下の武士で固め、仮病を使って幕府への出仕を取りやめた。

『太平記』のこの記事は事実なのであろうか。ここで注目するべき一次史料がある。『園太暦』貞和五年（一三四九）閏六月二日条には、「この頃直義の邸の周辺で騒動が起こった。直義が付近の住宅を破壊したり差し押さえたりして、信頼できる配下を配置したという。そのため、大高重成や粟飯原清胤の住居も差し押さえられたとのことである。粟飯原は逐電したらしい。重成については逐電はせず、吉良満義邸に転居するように直義が命じたそうである。さまざまな説が飛び交って真相は不明である。が、結局直義と師直が不仲となり、このため合戦が勃発するとの情報によって、都の人間が大騒ぎして東西を奔走している。これもまた天魔の仕業であろうか」と記されている。

洞院公賢自身が述べるように詳細な状況は不明であるが、直義と師直の不和によって直義邸周辺が不穏な状況に包まれたことは確かであるようだ。また、粟飯原清胤が直義の不興を買って失踪したというのも、直義から師直へ寝返ったとする『太平記』の記述と一致している。要するにこの頃両者の衝突が遂に表面化したのだと考えられる。

続発する天変地異

奇しくもこの頃、人々の不安を煽るような怪異や災害が立て続けに発生した。例えば六月一一日、京都の四条河原で勧進田楽（かんじんでんがく）が開催され、多数の市民が見物した。これは橋を建設するためのイベントで、将軍足利尊氏も臨席した。興行の最中、突然桟敷（さじき）が倒壊し、一〇〇人以上の死者を出した。（『師守記』同日条）。この事故は政変の不吉な前兆として、『太平記』巻第二七にも特筆して記されている。

次いで六月二六日と二八日には、「三星合（さんせいごう）」が天空に出現した。三星合とは、金星・木星・水星・月のうち三つの天体が異常接近する天文現象である。当時の人々は、これを非常に不吉な怪異として怖れた。二六日には太白（金星）・歳星（木星）・辰星（水星）が接近し、二八日にはこれらに月まで加わったという。

この三星合は当然幕府内の騒動と関連づけられ、閏六月七日には将軍尊氏邸で五大虚空蔵法が修せられた（以上、『園太暦』同月五日および七日条）。ただし前述したとおり、土御門東洞院にあった尊氏邸は火災に遭って当時再建工事中であり、尊氏は師直の一条今出川邸に住んでいた。よって、この法も実際は師直邸で行われたと思われる。ともかく、このとき幕府が相当の危機感を持っていたことが窺えるであろう。

執事罷免

右に紹介した天変地異や大惨事は一部にすぎない。かかる不穏な情勢下、閏六月一五日に高師直は遂に執事職を解任された。二〇日には、高師世が師直の後任の執事となる（以上、『建武三年以来記』貞和五年閏六月一五日条および二〇日条）。これは無論、直義が将軍尊氏に強く要求した結果であろう。なお師直は、内談頭人も罷免されたに違いない。高師世とは師泰の子息で、師直には甥にあたる人物である。官途は左近大夫将監で、越後将監と称した（以上、『清源寺本』など）。

『太平記』巻第二七によれば、当初直義は師泰を執事にするつもりだったらしい。従来これはほぼ無視されていたが、看過できないように見受けられる。

師直と比較して、軍事的才能には秀でても、行政面における実務能力が劣る師泰は御しやすいと見たのであろうか。もしくは先に述べたように、義理とは言え直義と血縁関係があることが考慮された可能性もある。建武の戦乱においては、師泰は直義の副将軍として活動する傾向があった。現代の我々が想像する以上に、両者の関係は深かったのかもしれない。

あるいは直義は師泰を自派に引き込むことによって、高陣営の結束を乱そうとしたとも思われる。現代政治においても、敵対する政党や党内派閥の要人を敢えて内閣や政党の要職に任命して勢力を弱めようとすることがある。いわゆる「一本釣り」であるが、直義が師泰を一本釣りしようとしていたのが事実だとすれば、時代を通じて共通する政治手法として大変興味深い。だが結局師泰はこれには乗らず、すでに述べたように代わりに子の師世が執事となった。

新たに執事となった師世であるが、執事としての活動の痕跡は一切残していない。それどころか、この時期には執事の最重要業務と言える施行状をなんと直義が発給した事実が知られる（貞和五年七月二一日付足利直義施行状、長門忌宮(いみのみや)神社文書）。どうも直義は、施行状発給権を掌握したらしいのである。

考えてみれば、将軍尊氏の袖判下文や寄進状の執行を命じる文書を発給するのが執事である必然性はない。執事が行っていた施行状発給の権限を奪い、自己が施行状を発給してしまえば、執事の権勢を大幅に削減できるだけではなく、その権勢を自己のものにできる。前述したように、すでに直義は貞和四年一〇月八日には腹心の上杉重能に自己の袖判下文の施行状を発給させている。暦応四年（一三四一）頃に執事施行状の廃止に失敗した直義は、貞和四年以降師直との対立がふたたび激化する中で、自派が施行状を発給することを思い至ったのではないだろうか。

師直を失脚させて執事の権限を手中にしたことによって、直義の勝利が確定したかに見えた。よく知られている事実であるが、師直が執事職を離れたこの時期、直義の花押（かおう）が著しく巨大化している。前述の直義施行状に据えられた花押も非常に大きい。これを直義の自信の表れと見なす意見もある。しかし筆者には、正反対に自信がなくてただ虚勢を張っているようにしか思えない。そして、この不安は的中した。

将軍尊氏邸を包囲

七月一九日には地震が発生した。大きな揺れだった（『園太暦』同日条）。この地震が人々の政情不安をいっそうかき立てた可能性は高いのではないだろうか。

前述したように、当時河内・和泉守護であった高師泰は、楠木氏の残党を退治するためにその頃河内国石川河原に駐屯していた。しかし師直の危機を知り、八月上旬に紀伊(きい)守護畠山国清(くにきよ)を石川城に呼んで防衛を任せ、河泉両国の守護職も国清に譲り、自らは大軍を率いて京都に向かい、わざと白昼に堂々と京都へ入った。武装した武士が三〇〇〇騎あまり、それと七〇〇〇人以上の人夫に楯を持たせた物々しい軍勢であった。

師泰は、師直の一条今出川邸に入った。八月一一日の宵には、播磨(はりま)守護赤松円心(えんしん)と子息則祐(そくゆう)・氏範(うじのり)以下七百余騎の軍勢が師直に味方するために参上した。赤松軍は、師直の要請に従ってその日のうちに分国播磨へ下った。当時備後国にいた、将軍尊氏の庶子で直義の養子である足利直冬(ただふゆ)が養父直義を救援するために上京することができないように、備前・美作両国の街道を封鎖する目的である。直冬の詳細については後述しよう。

すべての準備を整えた師直兄弟は、いよいよ直義邸を攻撃するために出陣した（以上、『太平記』巻第二七）。『太平記』には、このとき直義に加勢した武将と師直に味方した武将の名が列挙されている。あまりに多数なので全員の名は記さないが、直義派の武将として高一族の高師秋・大高重成が挙げられているのは、本書の趣旨からして注目に値する。直義の軍勢は七〇〇〇騎あまり、師直のそれは五万騎以上だったという。例によって誇張を

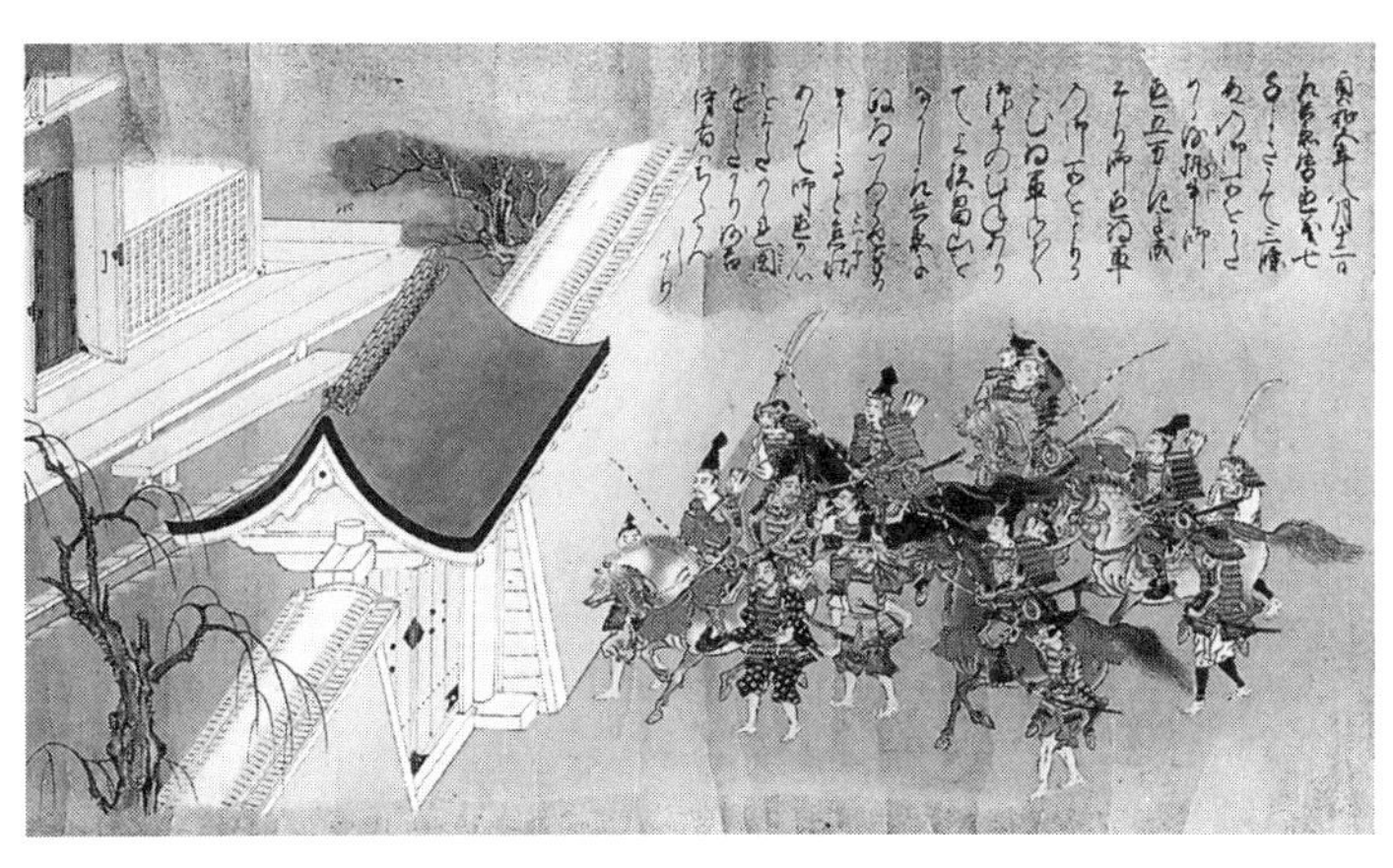

図18　「太平記絵巻」第８巻（ニューヨーク・パブリック・ライブラリー／スペンサーコレクション所蔵）
将軍足利尊氏邸を包囲する高師直軍.

差し引くとしても、師直軍が圧倒的に優勢だったことは確かであろう。

将軍足利尊氏はこれに非常に驚いた。尊氏は直義に使者を派遣し、土御門東洞院の自邸へ退避するよう勧めた。直義はこの指示に従い、火災から復興したばかりの将軍邸へ移動した。これを見て直義から師直に寝返った兵も多く、将軍兄弟の手勢は一〇〇〇騎に満たなくなった。以上、八月一三日の出来事であった（『園太暦』同日条など）。

翌八月一四日早朝、師直—師夏父子は大軍を率いて法成寺（ほうじょうじ）河原に進出し、将軍御所の東北を十重二十重に包囲した（日付は『園太暦』同日条など）。師泰は七〇〇〇騎あまりで西南からこれを囲んだ。師直軍が御所を焼き払う風聞も飛び交い、付近の住民は大混乱のうちに逃げた。将軍邸の北隣に接する内裏に住む崇光天皇も、光厳上皇の御所へ避難した。尊氏兄弟は最悪の場合は切腹をも覚悟して、小具足ばかりの軽武装で待機した。一方、師直もさすがに主君を討つことはできず、両軍はにらみ合いを続けた。

やがて、将軍尊氏は須賀清秀を使者として、師直と交渉した。結局直義が引退し、腹心の上杉重能・畠山直宗を流罪とすることで決着した。当時関東地方を統治していた尊氏の嫡男足利義詮を上京させ、それまで直義が務めていた地位に就けることも決定した。ちなみに師直たちは重能らとともに僧妙吉の身柄も要求しているが、すでに逃走していたという（以上、前掲『園太暦』同日条）。どうやら妙吉が直義に師直を讒言したのは本当だったようだ。

これが貞和五年八月に起きた高師直のクーデターの概略である。本書の記述は主に『太平記』巻第二七に依ったが、『園太暦』等の一次史料にもこの事件は記され、ほとんど同内容であるから確かな史実である。

一読しておわかりのとおり、師直の要求がほとんど実現している。彼の圧勝である。強大な軍事力で直義のみならず尊氏をも屈服させた師直は、溜飲の下がる思いであったことだろう。この政変の直後、八月二一日頃に彼は執事に復帰した（『園太暦』同日条）。

執事（管領）・守護以下の諸大名が、大軍で将軍邸を包囲して自分たちの政治的な要求を主張する。これを「御所巻」といって、室町幕府では時折この現象が出現した。鎌倉・江戸幕府には見られない室町幕府独特の風習で、清水克行氏の研究がある。この御所巻を初めて敢行したのが高師直なのである。後世の人々は、師直の御所巻が起こった原因を不吉の前兆とされていた赤潮と結びつけた（『神明鏡　下』）。

なおこのクーデターの黒幕は実は将軍尊氏であるとする噂が当時からあり（前掲『園太暦』八月一四日条）、それを支持する見解もある。だが、これは尊氏を過大評価していると筆者は思う。尊氏は師直挙兵という不測の事態に最善の対処をして、結果として嫡男義詮に直義の地位を継承させるという最大の利益を得たわけであり、彼を評価するならその点である。

足利直冬の九州没落

八月二五日、三条坊門の直義邸で評定が開催され、執事に返り咲いた師直も出席した（『園太暦』同日条）。形式上は両者は和解したわけである。だがこれは表面上のことで、実際は高師直は直義派を圧迫し続けた。

流罪とされた上杉重能・畠山直宗であるが、やがて師直は越前守護代八木光勝に彼らを殺害させた（『太平記』巻第二七など。日付については諸説ある）。あるいは土佐守護高定信（師直従兄弟）を越前国に派遣して殺害させたともいう（『東寺王代記』貞和五年条）。

続いて備後国の杉原又四郎という武士に命じて、当時同国鞆に滞在していた足利直冬を攻撃させた。直冬は肥後国へ没落した。九月一三日の出来事であったという（『太平記』巻第二七）。

足利直冬は、将軍尊氏の庶子である。しかし実父にまったく愛されず、叔父直義の養子となった人物である。当然、直義派の武将として活動していた。

これを少し遡る貞和五年四月に直冬は中国地方八ヵ国の統治権を与えられ、幕府評定衆や奉行人を多数引き連れて西国に下向した。相当大きな権限を持っていたらしく、当時の彼の立場を通常の守護の職権を大きく越える「長門探題」と評価する見方もある。また、直冬を通して西国に自派の勢力を扶植することを直義は狙っていたとも言われている。前述の直義が発給した施行状も、直冬が宛所となっている。

師直はこの直冬を攻撃して、自己の権勢をいっそう強化することを目指したのだ。ただしこれは結果として逆効果となり、師直の破滅を導く。それについては後述しよう。

足利義詮の上京と直義の出家

やがて八月クーデターの際に約束された内容どおり、足利義詮が鎌倉から上洛してきた。義詮は、河越・高坂以下東国の大名を多数率いて一〇月二二日に入京した。大勢の京都市民がこれを見物するために外出し、桟敷が設営され、貴族の車も並ぶほどであったという。高師直以下京都在住の大名も近江国瀬田まで迎えに参上し、そのまま義詮に扈従して帰京した（『太平記』巻第二七および『師守記』同日条）。

二五日、義詮はそれまで足利直義が住んでいた三条坊門高倉の屋敷に移住して、直義が行っていた政務を執り始めた。このときも師直以下が付き従った（『師守記』同日条）。

それまでの恩賞充行を中心とする将軍尊氏の命令の実現を通じて将軍権力を確立することに加え、ここに高師直にはもう一つの政治目標が生まれた。尊氏の意向どおりに、嫡子義詮に将軍の地位を継承させることである。これ以降、師直は死に至るまでこの目標の達成に全力を尽くすこととなる。

なお鎌倉には、義詮と交代する形で、九月九日に義詮の弟基氏が下向した。兄の義詮とは対照的に、供奉の人数も少ないさびしい行列だったようである。この足利基氏が、初代の鎌倉公方である。これもまた、のちに高一族に不運をもたらす。

一方、直義は九月に左兵衛督を辞任した。その後義詮に三条坊門邸を追い出され、細川顕氏の錦小路堀川の宿所へ引っ越し、顕氏と同居した。さらに一二月八日、遂に出家した。四二歳であった。法名を「恵源」と称した。

足利直冬の猛威

こうして見ると、貞和五年後半は師直の思いどおりに事が進んでいるように見える。だが、尊氏―師直には大きな懸念材料があった。先に九州に追い落とした足利直冬の動向である。

直冬は肥後国人河尻幸俊の船に乗って、肥後国河尻津に上陸した。ここで九州の武士たちに軍勢催促を行った。それだけではなく独自に下文を発給して恩賞充行を行い、御判御教書や申状への裏書によって所領安堵も行った。これらの権限を尊氏の許可を得ずに行使したのである。

当時九州では、一色道猷という武将が幕府から九州探題に任命され、同地方を統治していた。一色氏も足利一門で、師直派に属していた。だが、将軍の子息である直冬の血統のよさにはかなわない。貴種の権威をフル活用した直冬の勢力は日を追うごとに拡大し、逆に道猷のそれは徐々に縮小し、探題本拠地の筑前国博多周辺へと追い詰められていった。

すでに一二月六日の段階で、高師直・師泰を倒すために直冬が京都に攻め上ることを計画しているとの噂が京都では流れていた（『園太暦』同日条）。相当侮りがたい勢力に成長していた模様である。

翌貞和六年二月二七日、北朝は「観応（かんのう）」と改元した。しかし直冬はこの改元を認めず、貞和年号を使い続けた。直冬勢力の猛威は増す一方であった。

この間将軍尊氏は、まず直冬に出家を命じたことを師直に伝えた（〈貞和五年〉九月二八日付師直宛尊氏御内書案、肥後阿蘇（あそ）家文書）。師直はそれを九州の諸勢力に伝達した（同日付師直書状、同文書など）。

それを無視されると直冬を逮捕し、京都に連れ戻すことを九州の武士に命じている。それも実現不可能と知ると、遂に我が子の討伐命令を出した。だが、これらの命令は一向に効き目がなかった。

高師泰、石見国に出陣

そこで幕府は、高師泰を大将とする遠征軍を派遣して、直冬を討伐することにした。だが、その準備になぜか異様に時間がかかっている。観応元年三月頃にその構想があったことを確認できるが（『祇園執行日記』同年同月一二日条）、実際に師泰が京都を出発したのはようやく六月二一日であった。直冬追討を命じる光厳上皇院宣（いんぜん）と錦の御旗を持っていたという（以上、『祇園執行日記』同日条など）。

最終的にはもちろん九州侵攻が目的であるが、まず手始めに石見国人三隅兼連を退治する作戦であった（『東寺王代記』観応元年条）。三隅氏はもともと南朝に属していたが、この頃直冬に従って同国を制圧していたのである。このとき、師泰は石見・備後守護に任命されたらしい。また、長門守護に就任した可能性も指摘されている。

直冬の京都侵攻の風聞が伝わって以来、半年以上も費やしている。思うように軍勢が集まらなかったのであろうか。のみならず、実際の石見侵攻も非常に難航した模様である。直義派の桃井左京亮が中国大将軍として三隅氏を支援したため（貞和六年七月一七日付桃井左京亮軍勢催促状、周防吉川家文書）、師泰は進軍を阻止された。

一一月頃には師泰が石見国三隅城から撤退し、出雲国に没落したとの噂が京都で流れている（『園太暦』同年同月一〇日条）。九州地方では、安芸国に退いたとする情報も飛んだ（〈貞和六年〉一一月一六日付少弐頼尚書状写、肥後阿蘇家文書）。事実、一一月八日には直冬派に属する岩田胤時が三隅城を包囲する師泰の陣を攻撃し、一二月二六日に師泰を没落させている（貞和七年〈一三五一〉正月日付岩田胤時軍忠状、長門益田家文書）。

要するに師泰は九州に上陸して直冬と対決する以前に、石見国さえ突破できずに逆に後退する有様だったのである。

七月には、美濃国で土岐周済が幕府に反乱を起こした。この土岐周済は、四条畷の合戦で師直のために奮戦して戦死した土岐周済房とは別人であるようだ。あるいは『太平記』の所伝に問題があるのかもしれない。二八日、足利義詮がこれを鎮圧するために師直以下の軍勢を率いて出陣した（『園太暦』同日条）。

義詮—師直の美濃国遠征

義詮はかつて元弘三年（一三三三）、数え年でわずか四歳のときに新田義貞の鎌倉攻めに尊氏の代理として参加した武将である。とは言え、実質的に大将として軍勢を指揮するのはこれが初めてであった。事実上の初陣である。これに執事師直が従軍しているのである。息子に軍事的成果を挙げさせて、将軍後継者としての地位をいっそう確かなものとしたい。そのために最も信頼できる部下に息子を支えさせる。そのような尊氏の親心が窺えるのではないだろうか。

この美濃遠征は、順調に進展した模様である。無事に土岐周済を捕らえた義詮—師直は、八月二〇日に意気揚々と京都に凱旋した（『園太暦』同日条など）。土岐は近江守護六角氏頼に預けられ、二七日夜に京都の六波羅地蔵堂焼野で処刑された。

師直の戦上手は相変わらずである。未来の将軍義詮の勢威も上がったことであろう。だが、これが高師直が明確に勝利した生涯最後の戦いだったのである。

将軍尊氏の出陣と直義の京都脱出

その間にも、九州の直冬の勢威は増す一方であった。九月二八日には、かつて筑前国多々良浜の戦いで尊氏に味方し、彼の覇業を助けた筑前・豊前・対馬守護少弐頼尚まで直冬に味方した。『太平記』巻第二八には、直冬が頼尚の娘婿になったと記されている。少弐氏は鎌倉以来の九州の名族であり、九州探題一色氏と不和であった。情勢の変化を見て直冬に寝返ったのである。さらに豊後守護大友氏も直冬方となり、同氏の京都代官も逐電した。

ここに至って将軍足利尊氏は自ら軍勢を率いて九州に遠征し、直接我が子を討つことを遂に決意した。『太平記』によれば、これは師直が強く進言した結果であるようだ（巻第二八）。

足利尊氏は、一生を戦陣で過ごした将軍として知られている。だが自ら出陣するのは、建武二年（一三三五）以来実に一五年ぶりのことであった。その間軍事をすべて弟直義や執事師直に任せていたわけであるが、今回の出陣はそれだけ直冬が脅威であったことを物語っている。

一〇月二八日、尊氏は京都の守備を義詮に任せ、執事高師直以下を率いて出陣した（『園太暦』同日条など）。だが、先の師泰の出発から数えても四ヵ月も経過している。あまりに悠長すぎはしないか。しかも『園太暦』によれば、このときの尊氏—師直の軍勢は四〜五〇〇騎にすぎなかったという。征夷大将軍の兵力としては少なすぎるであろう。北朝のお墨付きをもらい、しかも将軍尊氏を戴いているにもかかわらず、かつて四条畷や御所巻で数万騎の軍勢を従えたという師直の権勢はどこに行ってしまったのであろうか。この急速な凋落ぶりにはただ驚くばかりである。おまけに師直の旗差が東寺の南門前で落馬して負傷したという。いかにも不吉な門出だ。

しかも出陣直前の二六日夜、出家して引退したはずの足利直義が京都を脱出した。これを知った仁木・細川といった師直派の武将たちはただちに師直邸に参上し、出陣を延期して直義の行方を捜索することを進言した。だが師直は、「大げさだ。たとえ吉野・十津川の奥地あるいは鬼海島や高麗国のかなたへ落ちようとも、この師直が世にある限りは誰も彼に味方しないだろう。三日もすれば首を獄門の木に晒すに違いない」などと述べて彼らの提案を拒否し、予定どおり尊氏と出陣を強行した（以上、『太平記』巻第二八）。あるいは直義捜索と出陣延期は師直が強く主張したが、尊氏が拒否したとする史料もある（『園太暦』同月二九日条）。いずれにせよ、結果的にこの判断が尊氏—師直の致命的なミスとなったようだ。

直義の南朝降伏

京都を出発した将軍尊氏と執事師直は、途中石清水八幡宮に参詣して戦勝を祈願し、一一月五日頃に摂津国兵庫（ひょうご）に到着した。同月一九日に備前国福岡（ふくおか）に到着し、ここにしばらく滞在することにした。諸国の軍勢が馳せ参じるのを待っていたのであろう。

その間、直義は大和国に逃れた。そこで越智（おち）伊賀守を頼り、師直・師泰の誅伐（ちゅうばつ）を命じる軍勢催促状を多数発給した（観応元年一一月三日付直義軍勢催促状、筑後田代文書など）。そして一一月二一日、尊氏を裏切って直義に寝返った畠山国清の河内国石川城へ入った。

畠山国清は、当時河内・和泉・紀伊三ヵ国の守護を兼ねていた。非常に戦上手で、後年ふたたび尊氏派に復帰して関東執事として全国を股にかけて大暴れした。「無弐（むに）の将軍方」と評され（『太平記』巻第二九）、かつて貞和五年八月に高師泰が師直を救援するために上洛した際に彼に代わって河内・和泉守護となり、南朝を抑えていたことはすでに述べた。そのような武将が直義派に転じたのである。尊氏—師直にとっては、物理的にも精神的にも大きな戦力の損失である。

国清を味方につける間に、直義は南朝とも交渉を進めていた。建武以来不倶戴天の敵であった直義の処遇をめぐっては、南朝でも激論が交わされたらしい。が、結局彼の帰順を受け入れることとなった。一一月二三日、直義が南朝に降伏したとの情報が京都にもたらされた。

直義は使者を尊氏の許へ送り、師直・師泰の身柄を引き渡すよう要求した（『園太暦』一一月二九日条）。もちろん、その一方で諸国の武士への師直・師泰誅伐の呼びかけは続けていた。これに呼応して、讃岐守護細川顕氏・伊勢守護石塔頼房（いしどうよりふさ）・越中守護桃井直常（もものいただつね）といった直義派の武将たちが各地で次々と挙兵し、京都を目指して進軍を開始した。直義自身も一二月二一日、畠山国清に擁せられて石川城を出発し、翌観応二年正月七日には山城国八幡まで進出した。

桃井直常との京都争奪戦

直義には何もできまいとタカをくくっていたら、南朝と手を組んであっという間に大勢力となってしまった。京都の義詮が危ない。のみならず直義に京都を奪われたら、九州の直冬と挟撃される怖れもある。尊氏は直冬討伐どころではなくなった。観応元年一二月二九日、備前国福岡から尊氏は帰京するために反転した。

高一族に関してこのとき注目できるのは、備後国に高師夏、備中国に南宗継（みなみむねつぐ）が配置されたことである。ちなみに備前国には足利一門の石橋和義がつけられた（以上、『房玄法印記』観応二年正月八日条）。

前述したように高師夏は師直の嫡男であり、当時備後守護だった伯父師泰の代理を任されたと推定されている。南宗継は、貞和二年頃から備中守護を務めていた。彼らが中国地方に残されたのは、直冬が尊氏を追撃して東上する場合に備えるためであったと考えられる。同時に尊氏が高一族を篤く信頼していることが窺える措置でもある。

なお尊氏軍が京都に戻る直前の二三日、師直は現存する生涯最後の執事施行状を発している（写、上野正木文書）。上野国新田荘内にある直義派の桃井直常等の所領を没収し、岩松直国に給付する内容である。だが、沙汰付を命じられた上野守護上杉憲顕も前述したように直義派であった。この施行状の実効性はおそらくなかったと思われ、敵対する武将に遵行を依頼せざるをえなかったところに末期症状が現れているであろう。

一方観応二年正月一五日早朝、足利義詮は京都防衛を断念して脱出した。同日の昼頃、越中国から攻め上ってきた直義派の桃井直常が、これと入れ替わるように入京した。このとき、尊氏―義詮に従う諸将の邸宅が次々と焼失した。無論あの一条今出川の師直の豪邸や師泰の屋敷も炎上した（以上、『園太暦』同日条）。

京都を逃れた義詮は現在の京都府向日市付近で将軍尊氏―執事師直の大軍と合流し、反撃に転じたという（『太平記』巻第二九）。一五日のうちに尊氏軍は、尊氏・義詮・佐々木導誉の三方に分かれて京都に突入して桃井軍と戦った（前掲『園太暦』同日条）。両軍は終日激しい戦闘を繰り広げたが、尊氏軍がかろうじて勝利し、桃井軍は関山へ撤退した。

だが『太平記』巻第二九によれば、合戦に勝利したにもかかわらず、直義に投降する将兵が後を絶たなかったという。驚いた尊氏は翌一六日に丹波国へ撤退し、次いで播磨国書写山坂本へ退いて、ここで再起を図った。義詮は丹波にとどまった。

正月一九日には師直が北陸方面へ落ちようとしているとの情報が直義派に入り、同派の斯波高経・千葉氏胤が近江国坂本へ向かい、北陸道を封鎖した（『園太暦』同月二一日条）。

劣勢の尊氏―師直にさらに悲報が届いた。師直の従兄弟で猶子の師冬が、東国で戦死したのである。

高師冬の戦死

話は少し戻る。貞和六年正月に高師冬が再度関東執事に任命され、東国に下向したことはすでに述べた。当時の東国は、直義派の関東執事兼上野・越後守護上杉憲顕の勢力が強かった。師直の弟重茂も関東執事を務めていた。だが彼は行政的手腕はあっても合戦が苦手なので、憲顕にかなわない。そこでかつて暦応～康永頃に関東の南朝軍を倒した実績を

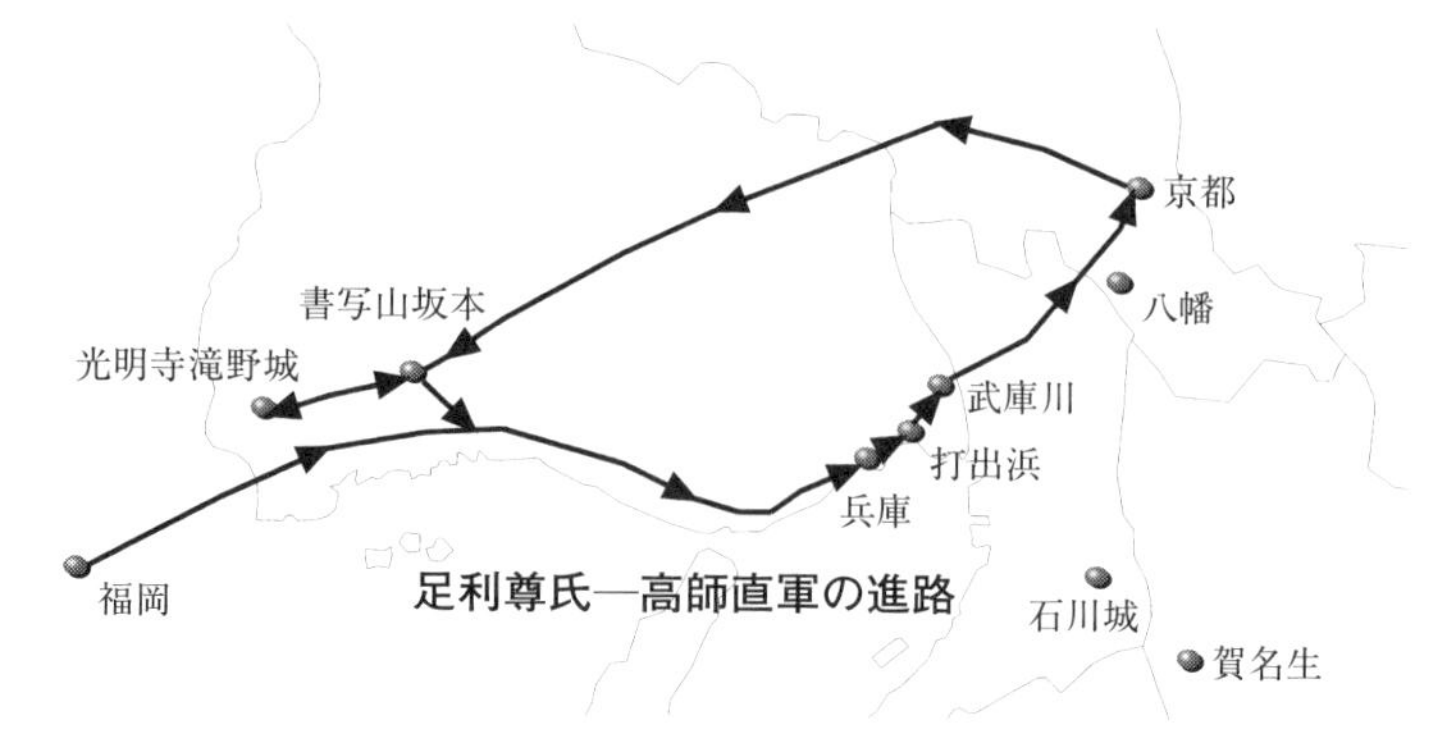

図19　観応の擾乱第１幕

誇る師冬が、重茂と交代する形で派遣されたのである。

観応元年一一月一二日、上杉能憲が常陸国信太荘で挙兵した。能憲は憲顕の実子である。また、師直によって越前国に流されて殺害された直義側近上杉重能の養子でもあった。同年一二月一日には能憲の父憲顕も、鎌倉を去って自身が守護を務める上野国に下った。

二五日、高師冬は上杉憲顕―能憲父子を討伐するため、鎌倉公方足利基氏を奉じて鎌倉から出陣し、同日夜に相模国毛利荘湯山に到着した。

だが直義派の石塔義房らが基氏の護衛を襲撃し、二九日に鎌倉へ基氏を連れ戻した。このとき基氏の護衛を務めていた三戸七郎と彦部次郎が殺害されたが、彼らは高氏庶流の武士である。『清源寺本』によれば、三戸七郎は師冬の兄弟三戸師澄の子師親で、師冬の猶子になったとある。

基氏を奪われて劣勢となった師冬は、甲斐国へ没落した。翌年正月四日、上杉憲将が数千騎の軍勢を率いて、師冬を倒すために甲斐へ発向した。一方上杉能憲は東海道を上り、直義との合流を目指した（以上、観応二年正月六日付石塔義房注進状案写、山城醍醐寺報恩院所蔵古文書録乾）。

そして正月一七日、上杉軍に同国須沢城内に攻め込まれ、師冬は自害したのである（観応二年二月一九日付足利直義御判御教書写、肥後阿蘇家文書および『太平記』巻第二九など）。師冬の敗死によって、関東地方は上杉氏を中核とする直義派がほぼ制圧することとなり、尊氏―師直はいっそう窮地に立たされることとなった。

師泰軍の合流

師冬戦死の報は、おそらく数日のうちに尊氏―師直にもたらされたであろう。だが、師直には肉親の死を悲しんでいる余裕はそれほどなかったのではないだろうか。自身の死の可能性も現実味を増していたからである。師冬戦死の少し前に師直は石見在陣の師泰に飛脚を飛ばし、播磨の自軍に合流するよう要請していた。師泰はただちに石見国を発った。これを知った直義派の上杉朝定は、直義の本陣があった八幡から海路で備後国鞆へ赴き、上陸して師泰を追撃した。

両軍は備中国で交戦した。だが、前述したように同国は高一族庶流の南宗継が長年守護を務めて勢力を扶植し、このときも滞在して警固にあたっていた国である。さすがにホームグラウンドでは師泰が強く、上杉軍は朝定自身が重傷を負うなどの大敗を喫して退いた。師泰軍はその後美作国でも直義派の妨害を受けたがこれも退け、師泰同様備後から東上していた高師夏軍とともに正月末に播磨国書写山に籠城する尊氏—師直軍に合流した（以上、『太平記』巻第二九および『園太暦』観応二年二月一日条）。

摂津国打出浜の戦い

師泰の加勢を得て勢いづいた尊氏—師直軍は、二月四日に直義派石塔氏が籠もる播磨国光明寺滝野城を攻撃した（『園太暦』同月八日条など）。だが城の守りは固く、尊氏—師直軍は攻めあぐねた。『太平記』巻第二九には、このとき師直の滅亡を暗示する和歌が書かれた紙が空から舞い降りてくる怪異が発生した逸話などが記されている。

二月一二日には、陸奥国で尊氏派の畠山国氏が戦死した。室町幕府は、東北地方に奥州探題なる統治機関を設置していた。当時、探題は吉良貞家・畠山国氏の二人が共同で務めていたが、鎌倉府同様中央の政争をうけて奥州探題も分裂し、貞家が直義、高国が尊氏に味方して争った。そして国氏が敗死したのである。

すでに述べたとおり、関東では高師冬が滅亡し、九州地方の足利直冬も依然猛威をふるっていた。加えて奥州でも尊氏派が惨敗。畿内でも尊氏を裏切って直義に寝返る武将が続出しており、尊氏―師直はまさに四面楚歌の状態に置かれたのである。

やがて直義派の細川顕氏の軍勢が四国より来襲し、書写山を攻撃した。八幡からは滝野城救援のため、畠山国清・石塔頼房・上杉能憲・小笠原政長等の大軍が押し寄せていた。一四日、やむを得ず尊氏は滝野の包囲を解き、一七日に摂津国兵庫に至った。そしてこの日から翌一八日にかけて、同国打出浜で直義軍と大決戦を展開した。

この戦いは非常に激しく、両軍ともに多数の死者を出した（『園太暦』同月二〇日条）。「希代の大合戦」と評されている。だが尊氏軍の方が損耗が激しかった模様である。このときの尊氏軍の兵力は二〇〇〇騎で、うち五〇〇騎がこの戦いに参加した。しかし全員直義軍に投降あるいは戦死し、一人も兵庫在陣の尊氏の許に帰らなかったという（以上、『房玄法印記』同月一八日条）。

特に師直が股、師泰が頭部と胸部を負傷し、戦意を喪失したのが決定的な打撃であった（前掲『園太暦』同月二〇日条）。これによって勝敗が決した。

『太平記』巻第二九には、この戦いの前夜に高師夏と河津氏明（師直の部下）が偶然まったく同じ夢を見た逸話が収録されている。高一族の大軍が直義の小勢と戦っていたら、なぜか突然蘇我馬子以下を従えた聖徳太子と吉野の金剛蔵王権現の連合軍が出現した。その軍勢が射た矢が師直・師泰・師夏・師世の眉間に命中し、馬から落ちたところで目が覚めたという。かつて彼らが太子廟や南朝の吉野行宮を破壊した報いがこの戦いで現れたことを示唆するのであろうが、無論事実ではなく創作と思われる。

師直一族の滅亡

将軍足利尊氏と執事高師直は、足利直義に敗北した。尊氏に従うのは、高一族と摂津・播磨守護赤松範資の軍勢わずか五〇〇〇騎にすぎなかったという。尊氏―師直以下は切腹する準備を始めた（『太平記』巻第二九）。

切腹の真偽は不明であるが、二月二〇日に尊氏が寵童饗場命鶴丸を八幡の直義へ派遣し、講和を申し出たのは事実である。三度使者の往来があり、師直・師泰を出家させることを条件に講和が成立した（以上、『房玄法印記』同日条および二一日条）。

これに強硬に反対したのが、師直の重臣薬師寺公義である。彼は直義との徹底抗戦を主張した。だが負傷して戦意を失っていた師直・師泰は茫然自失の体で、結局出家降参に決まった。主君の体たらくに失望した公義は、出家遁世して紀伊国高野山にのぼったという（以上、『太平記』巻第二九）。

しかし出家遁世はともかく、公義が主戦論を唱えたというのは『太平記』の創作であるようだ。それまで公義は原則東国に在住し、武蔵守護代として同国を統治していた模様である。観応元年一〇月には、下総国古河を経由して常陸国信太荘方面へ出兵したことを裏づける史料もある。前述のとおり、当時信太荘には直義派の上杉能憲がいた。これを討つ目的である。だが、公義はいつの間にか東国の戦線を離脱して畿内に転出した。『園太暦』観応二年正月一六日条には、直義派へ寝返ったとさえ記されている。転向の真偽も不明であるが、少なくとも彼がこのとき合戦に消極的だったのは確かなようだ。

ともかく師直兄弟は出家した（前掲『房玄法印記』二月二一日条）。師直の法名は「道常」、師泰は「道昭」と称したらしい（『高階氏系図』〈『群書類従』巻第六三〉）。また、それぞれ武蔵守入道・越後守入道と名乗った（『園太暦』二月二七日条）。

次いで二六日、尊氏一行は京都へ帰るために出発した。師直・師泰たちは、尊氏に供奉することを希望した。だが秋山新蔵人が見苦しいと反対し、師直らは将軍の後に三里ほど離れてついて行くこととなった。かつて幕府の儀式の際には、常に将軍兄弟の供奉人筆頭を務めた師直には考えられない凋落ぶりである。

そして師直一行が武庫川辺鷲林寺の前を通りかかったとき、運命の瞬間が訪れた。五〇〇騎ばかりで待ち伏せしていた上杉重季の軍勢によって、師直・師泰以下高一族の主立った武将が斬殺されたのである（以上、『房玄法印記』同日条および前掲『園太暦』二七日条など）。重季は、実父重能の仇を討ったことになる。

『太平記』巻第二九によれば、師直を討ったのは三浦八郎左衛門、師泰を成敗したのは吉江小四郎という武士であった。一一〇ページ所掲高氏略系図②には、このとき討たれた人物に「×」印をつけている。一覧しておわかりのとおり、ほぼ壊滅の状況だ。

高一族嫡流だけではなく、庶流や被官たちも討たれたり、自害したりした。特筆するべきは河津氏明である。備中国の大旗一揆のリーダーであった。忠実な師直家臣として『太平記』に多数登場する武将である。彼が師直の家来となった由来は不明であるが、高氏庶流の南宗継が長年備中守護を務めた縁によるのかもしれない。

中でも悲劇的であったのは、高師夏の死に様である。先に述べたとおり、彼は師直が二条前関白の妹との間にもうけた子とされる。貴種の血をひいていたため容貌が美しく心優しい人で、将軍尊氏にも気に入られていた。このとき一五歳にも満たなかったので、さすがの能憲もすぐに殺害せずに縄でしばって生け捕りにしていた。この日の夜、僧となって余生を送ることを勧められたが、父師直が殺害されたことを知った師夏は自分も殺すように強く求めた。そこで西左衛門四郎が泣きながら師夏を討ち取ったという。ただしこの逸話も『太平記』にしか見えず、真偽は不明である。『平家物語』にある平敦盛(あつもり)の最期の場面を踏襲している感じもする。

ところで師直・師泰誅殺は、実は饗場命鶴丸を介して尊氏が密かに命じていたとする説がある（『続本朝通鑑(ぞくほんちょうつがん)』）。確かに尊氏自身が助かるためには、この状況ではそれしかない

図20　師　直　塚

図21　光得寺高師直五輪塔

ようにも思えるが、真相は不明である。

師直以下の首は、彼が創建した京都の真如寺へ送られ、葬儀が行われた（『天正本太平記』巻第二九）。師直一行が斬殺された正確な地点は不明であるが、現在の兵庫県伊丹市には師直の冥福を祈るために建てられた師直塚がある。江戸時代にはすでに塚があったとのことである。現在の石碑は、大正四年（一九一五）に村人が建立した。その後、国道の拡張工事などで現在地に移転したという。

また足利市の光得寺境内には、高師直の五輪塔が残されている。もとは樺崎八幡宮にあった。樺崎八幡宮とは、鎌倉初期に足利義兼が創建した樺崎寺の境内に鎮座した神社である。明治時代の廃仏毀釈のとき寺は廃され、五輪塔が光得寺に移された。地輪に「前武州太守道常大禅定門」と刻まれている。なお同寺には、尊氏、彼の父貞氏、師直の父師重そして南宗継の五輪塔もある。

高一族の主要メンバーが殺害されたことにより、同氏が勢力を大きく減退させたことは確かである。だが生存者が複数名おり、以降も彼らの活躍が知られる。次節では、生き残った高一族の諸将の活動を簡単に紹介したい。

師直死後の高一族

執事制度の廃止

高師直以下高一族が討たれた翌日の観応二年（一三五一）二月二七日、将軍足利尊氏は京都へ戻った。足利直義は翌二八日帰京。三月二日、尊氏は直義と直接会談し、今後の処置を話し合った。この席上で尊氏は高一族を殺害した上杉能憲を処刑することを強硬に主張したが、直義がとりなして流罪にとどまったという（『園太暦』同日条）。なお足利義詮は少し遅れて三月一〇日、丹波国より上洛した。

結局幕府は、観応の擾乱以前の二頭政治を復活させることとなった。ただし完全な再現ではない。直義の統治権的支配権は彼と義詮の共同執政の体裁をとったが、それを支える引付頭人は直義派の武将で固められた。諸国の守護人事も、直義派が多数進出した。擾乱の直接の原因となった足利直冬も、鎮西探題として正式に認められた。

何より、新たに執事が任命されなかったことが象徴的である。執事がいないのだから、当然執事施行状も消滅した。将軍尊氏の袖判下文や寄進状などの文書は、直義が御判御教書を発してその執行を命じる体制となった（観応二年五月一三日付直義施行状写、東寺所蔵観智院金剛蔵聖教目録）。つまり一時師直の執事職を解任した貞和五年（一三四九）閏六月〜八月に続いて、直義は施行状発給権を再度掌握した。戦勝を反映して実質的に直義の政治となったのである。

ここで高一族に関して注目できるのが、観応二年五月二一日に直義が袖判下文を尼心妙に発給している事実である（三河総持寺文書）。内容は、心妙の亡父高師氏が遺した永仁四年（一二九六）三月一日付譲状および同日付足利貞氏下文のとおりに、三河国額田郡比志賀郷を安堵するものである。尼心妙は、出家前は稲荷女房と称し、師直・師泰兄弟にとって伯母あるいは叔母にあたる女性である。

このとき直義が、半世紀以上も前、彼自身でさえまだ生まれていない時期に作成された文書に基づいて下文を発給した詳細な事情は不明である。高一族を殺害したことを罪滅ぼししようという気持ちもあったのかもしれない。のちに比志賀郷は、応永六年（一三九九）九月二日に三代将軍足利義満（よしみつ）によって三河国総持寺（後述）の塔頭（たっちゅう）深恩院（しんおんいん）に寄進された（同日付義満寄進状、三河総持寺文書）。

直義の没落

足利直義の天下は長く続かなかった。観応二年七月二一日、尊氏派の諸将が続々京都を脱出した。それぞれの勢力圏へ下って軍勢を蓄え、京都の直義を討つ作戦であった。このときの武将の中に高定信（師直従兄弟）と大平義尚（よしなお）（高氏庶流）が挙げられている（『房玄法印記』同日条）。二八日には尊氏が南朝に寝返った佐々木導誉を討つと称して近江国へ出陣し、義詮が同じく赤松則祐を倒すために播磨国へ向かった。だが、これも直義を東西から挟撃するための尊氏の策略であった。

それに気づいた直義は、七月三〇日に京都を脱出して北陸、次いで鎌倉へと没落した。このとき、高一族嫡流では唯一の直義派であった高師秋—師有（もろあり）父子も直義に付き従った（『房玄法印記』同日条）。観応の擾乱第二幕の幕開けである。

畠山国清も直義に供奉したため、それまでの河内・和泉・紀伊の守護職を没収された。このうち、河内守護が高師秀（もろひで）に与えられた。高師秀は、師直・師泰の従兄弟師幸（もろゆき）の子である。師泰の養子となって彼の後継者となり、越後刑部丞と名乗った（以上、『清源寺本』など）。またこの時期、因幡（いなば）守護にも任命されている。翌正平七年（北朝観応三）二月頃、師秀は美作国に在国していた（『祇園執行日記』同年同月二四日条）。中国地方の平定を担当していたのであろう。

新執事仁木頼章

一〇月二一日、尊氏は仁木頼章（にきよりあき）を新たに執事に任命した。高師直が敗死して以来、およそ八ヵ月ぶりに執事職が復活したのである。だが任命されたのは高一族ではなく、足利一門の仁木（につき）氏であった。これはなぜだろうか。結論を先に言えば、頼章以上に執事の重責を担うことが可能な力量を持つ適任者が、当時の高一族にはいなかったからである。

師直の子息である師詮（もろあきら）は、妾腹の子で片田舎に隠れ住んでいたという（『太平記』巻第三二）。当時の彼の正確な年齢は不明であるが、擾乱以前には一切姿を現さない点に鑑みても、政務はほとんど未経験で到底執事の重職を託せるレベルではなかったと考えられる。先ほど述べた師泰養子で河内・因幡守護の師秀も、おそらく師詮と同様キャリア不足という理由でアウト。あるいはこの時期すでに中国地方に出陣しており、京都にいなかったからかもしれない。師直弟の重茂は合戦が苦手なので戦時の執事には不適。師直従兄弟で土佐守護だった定信もいまいち。同じく従兄弟の師秋―師有は直義派なので論外。庶流に目を向ければ、直義派の大高重成はこの頃尊氏派に転じ、一〇月二日に若狭守護に任命されている。しかし、このような忠誠心に疑問がある武将に執事の重職をゆだねるわけにはいかないであろう。

結局消去法で経歴的に執事に適任なのは、高一族では南宗継だけということになる。事実、後述するように宗継は執事が担っていた職権も行使している。

だが、宗継よりも執事にふさわしいと判断されたのが仁木頼章である。頼章は開幕当初から尊氏に従って戦功を積み、幕府の要職を歴任した。観応の擾乱第一幕においても、最後まで尊氏に忠節を尽くしている。また彼の弟の義長（よしなが）は、合戦が非常に得意な武将だった。兄頼章の執事任命直後、短期間ではあるが師泰と同じ越後守を名乗っている。これは義長に師泰の役割を期待した官途補任ではないだろうか。

というわけで、仁木頼章が執事に選ばれたわけである。尊氏は仁木氏の執事就任を、いずれ高氏に執事を返還するまでの中継ぎと考えていたのかもしれない。だが結果的に、高氏に執事の地位が戻ってくることは二度となかったのである。

将軍尊氏、東国へ出陣

一一月三日、かねてから南朝との講和交渉を進めていた将軍尊氏―義詮父子が南朝に降伏する手続が完了した（正平（しょうへい）の一統（いっとう））。翌日尊氏は義詮に京都の留守を託し、東国に向かった直義を討つために京都を発ち、東海道を下った。

『太平記』巻第三〇によれば一一月二九日、将軍尊氏は駿河国薩埵山に籠城した。それを直義軍が包囲した。その直義軍を、尊氏に味方する宇都宮氏綱を主力とする援軍が後攻めしようと下野国から攻め上ってきた。

かつて高師直の重臣であった薬師寺公義の勧めで、氏綱は高師冬の甥で猶子の師親を総大将に取り立てて進軍した。先に高野山に遁世した公義であるが、早くも政界に復帰し、尊氏派の武将として将軍に先立って下野国に下向していた。

だが高師親は一二月一六日に急に狂気に取り憑かれ、下野国天命宿で自害したという。これだけでも相当奇妙である。しかも前述したように師親は、すでに観応元年一一月二五日に討ち死にした記録がある（前掲観応二年正月六日付石塔義房注進状案写）。『太平記』に錯誤があるのだろうか。

それはともかく、一九日には上野国那和荘で合戦があり、薬師寺公義軍が直義派の長尾左衛門の部隊を破っている。勢いづいた彼らはそのまま進軍し、二九日には相模国足柄山で直義軍を撃破した。一方尊氏は翌正平七年正月一日に伊豆国府へ入り、下野勢と合流。翌二日には相模国早川尻で両軍が交戦し、尊氏軍が勝利した。遂に直義は尊氏に降伏し、同月五日に尊氏とともに鎌倉に入った。

そして二月二六日、直義は急死した。よく知られているように、偶然にもちょうど一年前に師直以下の高一族が虐殺されたのと同じ日付であった。

直義が死亡したとは言え、東国には上杉憲顕以下の直義派残党が健在であった。また講和したとは言え、新田氏等の南朝勢力も信用ならなかった。

尊氏―義詮の東西分割統治①

そこで尊氏は、しばらく鎌倉に滞在して東国の統治に専念することにした。ここに室町幕府は旧鎌倉幕府の関東―六波羅・鎮西の管轄区分を踏襲し、遠江国以東を尊氏、三河以西を義詮が分割して統治する体制となった。

文和二年（一三五三）八月に尊氏が帰京するまで、この東西分割統治体制が続く。この間、正平七年閏二月に正平の一統が崩壊し、幕府と南朝はふたたび対立した。この時期、高一族は幕政にどのように関与したのであろうか。東国の尊氏政権から順に見ていこう。

将軍尊氏が発給した恩賞充行袖判下文に対しては、かつて高師直が行っていたように執事仁木頼章が施行状を発給した。だが、これに加えて尊氏自身が御内書や御判御教書で施行状を発給したことが注目される。

将軍自らが施行状を発給する現象は、師直時代には見られなかったことである。だが考えてみれば、下文と施行状の発給者が別人である必然性もまったくない。残存文書による限り、正平七年閏二月の武蔵野合戦から尊氏帰京までは尊氏が施行状を発給することが原則となったようである。

さらに興味深いのは、この時期高氏庶流の南宗継も下文施行状を発給した事例が二件知られることである（正平七年閏二月一四日付南宗継施行状、京都大学総合博物館所蔵駿河伊達文書など）。『清源寺本』には宗継に「尊氏執権」の注記があるが、これはこの時期のこの活動を指してのものだと考えられる。繰り返すように当時の正式な執事は仁木頼章であるし、宗継が頼章とともに執事の地位にあったか否かは不分明であるが、注目できる現象である。

この時期の東国で最大の出来事は、正平七年閏二月の武蔵野合戦であろう。これは、将軍尊氏と南朝宗良親王・新田義興・義宗および旧直義派上杉憲顕らの合戦で、およそ半月かけて行われた大会戦であった。尊氏軍の損害も相当大きく、一時尊氏は自害も覚悟したらしいが、結果的に勝利を収めて東国を平定した。

この武蔵野合戦では、薬師寺公義も尊氏派の将として参戦し、武蔵国で上杉軍を撃破したことが知られる。この後公義は、文和二年に但馬守護高師詮の守護代を務めた。それからは本当に政界を引退し、歌人として悠々自適の余生を送ったようである。応安六年（一三七三）には陸奥国白河関を越えて旅行し、永和三年（一三七七）頃まで生存が確認できる。彼の子孫は管領細川氏などの被官となった。

尊氏―義詮の東西分割統治②

一方、西国の義詮政権では観応三年五月一日に幕府で雑務引付が開催され、大高重成と高重茂が引付頭人を務めている（『園太暦』同日条）。

観応二年七月の直義没落後あたりから、義詮も恩賞充行袖判下文を発給するようになる。義詮下文には当初施行状がつかなかったが、観応三年九月頃から出されるようになる。この時期の西国では、執事ではなく引付頭人が施行状を発給した。

当時の引付方は五つの部局に分かれ、石橋和義・宇都宮蓮智（れんち）・二階堂行諲（ぎょうえん）・大高重成、そして高重茂と推定される人物の五人が頭人を務めていた。このうち、和義を除く四人に施行状発給が確認できるが、中でも高重茂と推定できる人物が発給した施行状の残存数が他を圧倒して断トツに多い（文和二年六月四日付引付頭人沙弥某施行状、出雲蒲生（がもう）文書など）。このことから、高重茂は事実上の義詮の執事であったと筆者は考えている。

これまでも本書に何度か登場した高重茂は、師直の弟である。官途は大和権守→駿河守と移り、このときは出家して駿河入道と名乗っていた。合戦は不得手であったが、実務官僚としては有能で、観応の擾乱以前も武蔵守護・引付頭人と幕府の要職を歴任した経験豊富な政治家であった。関東執事として、東国を統治していた幼少期の義詮を補佐したこともある。父尊氏と離れて西国を単独で統治していた義詮にとって、最も信頼できる部下だったのではないだろうか。

高師秀の河内・因幡守護および大高重成の若狭守護・引付頭人起用も併せて考えると、義詮は高一族を積極的に登用し、その勢力を復活させる方針を持っていた気配がある。次に述べる高師詮の起用もその推定を裏づける。

悲劇の武将高師詮

高師詮は、師直の子である。師夏が父師直とともに死去したため、彼が師直の後継者とされた。師詮の「詮」は、もちろん義詮から拝領したものである。官途は左近大夫将監（さこんのたいふしょうげん）で、父師直が武蔵守だったことから武蔵将監と名乗った（『清源寺本』など）。

この師詮が、観応三年頃から丹後守護、次いで文和二年頃から但馬守護を務めている。また『太平記』巻第三二によれば、丹後・但馬に加えて丹波の統治も任されたようである。当時丹波守護は仁木頼章であった。だが彼は執事として東国の将軍尊氏を支えていたので、師詮が丹波の実質的統治を代行したのかもしれない。

師詮がこれらの国々の守護に補任されたのは、山陰地方の山名氏に対する備えであったと考えられる。山名氏は、観応の擾乱においては直義派として尊氏と戦った。擾乱後も足利直冬や南朝に属して足利将軍家を大いに苦しめた。義詮は、山名氏を抑えることを師詮に託したのである。しかしそれだけではなく、京都と山陰をつなぐ要衝の地を師詮に与えることによって、高一族の復権も画策したのだと筆者は推定している。

だが文和二年六月一二日、南朝軍が京都を攻撃した際、初陣の高師詮は京都西山で山名軍の攻撃を受け、戦死する（『園太暦』同日条および『太平記』巻第三二）。『太平記』には家臣の阿保忠実と荻野朝忠が師詮に自害を勧め、彼が馬上で切腹する間に逃走して生き延びたと記されている。かつて四条畷で、父師直は配下の上山六郎左衛門や土岐周済房の犠牲で窮地を脱した。だが今回は、正反対に家臣が主君を見捨てて生存している。『太平記』が描写する父子のあり方がきわめて対照的であるのには驚くばかりである。

ただし『園太暦』によれば、県・阿保・高根以下の被官が師詮とともに切腹し、荻野の弟も戦死した。『太平記』にも、師詮の首を取ろうとせまってきた山名軍に沼田小太郎が引き返して奮戦し、主君の遺体の上に覆い被さるように自害したと記されている。敗死したとは言え、師詮軍の戦いぶりは実際には見事だったようだ。
ともかく高師詮の戦死によって、師直の直系は断絶してしまったようである。せっかくの義詮の高一族復権策も頓挫した。高一族は、二度と往時の勢力を回復することができなかったのである。まことに不運と評するほかはない。

三河国総持寺の建立

尼明阿（みょうあ）という女性がいた。彼女は高師泰の娘で、師冬の妻であった（足利尊氏袖判置文、三河総持寺文書）。父と夫を亡くした明阿は、観応の擾乱における最大の被害者だったのかもしれない。

文和四年、彼女は高一族の菩提を弔うために、下野国足利荘と並ぶ一族の本拠地三河国に寺院を建立しようと思い立った。そこで京都に戻って足利直冬—南朝連合軍を撃退した将軍足利尊氏に、父師泰相伝の所領であった三河国菅生（すごう）郷を寄進して寺院を建立する許可を求め、快諾を得た（以上、文和四年八月二三日付足利尊氏袖判尼明阿寄進状および〈同年〉九月晦日付足利尊氏御内書、三河総持寺文書）。

ただし菅生郷は、彼女の義理の兄妹高師秀の所領と幕府からすでに認められていた問題があった。しかし、これも文和四年一〇月八日付師秀去状（さりじょう）（三河総持寺文書）およびそれを承認する尊氏袖判置文（前掲）を獲得することができて無事解決した。

図22　総　持　寺

　こうして菅生郷内に建立されたのが総持寺である。明阿は、いちという女性を出家させて住職とした。いちは高師世の娘である。つまり明阿にとっては姪にあたる（以上、前掲文和四年八月二三日付足利尊氏袖判尼明阿寄進状および無年号三月一八日付足利義詮御内書、三河総持寺文書）。明阿自身は寺の開基となった。昭和二年（一九二七）に愛知県岡崎市籠田町から同市中町に移転し、現在に至る。

関東執事高師有　ところで、足利直義に従って北陸へ没落した高師秋―師有父子はその後どうなったのであろうか。彼らはいつの頃からか鎌倉府に帰順し、公方足利基氏に臣従した。

康安二年（一三六二）二月二二日には高師業に、同年四月二九日にはその子師満に、貞治元年一二月二五日には高師有に公方基氏が下野国足利荘内の所領を給付した御判御教書が残されている（師業・師満宛は永井直哉氏原蔵高文書、師有宛は鎌倉国宝館所蔵神田孝平氏旧蔵文書）。高師業は、師秋の弟である。

そして康安二年から翌貞治二年にかけて、高師有が関東執事を務めた事実が知られる。師有の官途は陸奥守。京都では足利尊氏がすでに死去しており、二代将軍義詮の時代となっていた。

京都の幕府と同様、鎌倉府にも公方の発給文書を施行するシステムが存在した。関東執事師有の施行状も数通現存している（康安二年七月六日付関東執事高師有施行状、伊豆三島大社文書など）。

師有の関東執事在職は一年にも満たなかった。辞職後の師有の動向は不明である。貞治三年二月に死去したとする所伝もある（『鎌倉大日記』）。

貞治四年八月二七日に公方基氏は高師満宛に軍勢催促状を発給し、信濃国の凶徒退治のために派遣された高師義に従うように命じている（永井直哉氏原蔵高文書）。高師義は師有の弟である。また同年一〇月八日付基氏近習連署奉加状（山城六波羅蜜寺文書）には、基氏近習として三戸師景（高師親子）・彦部師朝・大平法禅・南重祐・大高重政（重成子）・大平惟世・高師義の名が見える。この頃の高一族のかなりの部分は、師秋系統の高氏嫡流を中心として、結束して公方基氏に仕えていたことが窺える。

山城守護高師英

高師有の子師英は京都に移った（長禄三年〈一四五九〉一一月日付高師長代官庭中申状案、内閣文庫所蔵古文書）。正確な時期も理由も不明であるが、明徳三年（一三九二）には将軍義満の近習となっていることを確認できるので（『相国寺供養記』）、遅くともこの年までには在京している。

その明徳三年は、南北朝合一が行われた年である。室町幕府は義満の下で全盛期を迎えていた。応永一一年から同二三年にかけて、高師英は山城守護を務めた。師英の官途は祖父師秋と同じ土佐守。この頃すでに出家入道して祥全と称し、土佐入道と呼ばれていた。室町殿は義満―義持の時期にあたる。

言うまでもなく、山城守護は朝廷と室町幕府が位置する首都京都を擁する山城国の統治を担当する役職である。このような重要な地域の統治を任され、しかも一二年もの長期にわたって務めている。師直死後の高一族で最も栄華を誇ったのが、この師英ではないだろうか。

しかし、これはろうそくが消える直前に放つ最後の大きな炎のようなものだった。この後、高一族が幕府の要職を務めることはなかった。

山城守護を辞めた後、師英は佐渡守護に任命された。これが高氏の最後にして唯一の守護分国であった。しかしこの佐渡すら、孫師長の代には他の所領群とともに返付を申請する申状が出されているので（以上、前掲長禄三年一二月日付高師長代官庭中申状案）、維持できなかった模様である。

室町期以降の高一族

その後の高一族はどうなったのか。まず京都では、高氏嫡流と庶流彦部氏が室町幕府の奉公衆となった。奉公衆とは将軍の直轄軍団である。煩雑な説明を省くために、奉公衆として知られる一族を表1にまとめた。

『尊卑分脈』によると、高氏嫡流は師泰の養子師秀の系統が続いたようである。また師泰・師直の従兄弟師秋の系統も残り、師秋―師有―師英―□―師長と続いたことも今述べたとおりである。しかし、表1に記載されている高氏嫡流の奉公衆をそれらの系図に位置づけることはきわめて困難である。かろうじて高次郎と高尾張守が同一人物で師秀の子孫師為、高弥次郎が師為の子師繁、高伊予守が師繁の子師宣と推定できる程度である。人数も二名程度で少なく、嫡流の凋落ぶりは目を覆うばかりである。なお永禄六年（一五六

表1　奉公衆となった高一族

番帳	奉公衆
文安年中御番帳（一四四四～四九頃）	三番：高駿河入道・彦部四郎（賢直）・彦部修理亮（師朝）・彦部左京亮（貞有） 四番：高次郎（師為ヵ）・彦部右京亮・彦部左近将監
永享以来御番帳（一四五〇～五五頃）	三番：高兵部少輔・彦部修理亮（師朝）・彦部四郎・彦部左京亮（貞有） 四番：高尾張守（師為ヵ）・彦部三河守・彦部左近将監
康正二年造内裏段銭幷国役引付（一四五六）	彦部近江守（直貞）・彦部三州入道・彦部修理亮（師朝）・彦部四郎（賢直）
久下信生氏所蔵四番衆交名（一四五九～六五頃）	四番：高尾張守（師為ヵ）・彦部三河守・彦部美濃守
長享元年九月十二日常徳院殿様江州御動座当時在陣衆着到（一四八七）	三番：高兵部大輔入道・高小次郎・彦部左京亮・彦部左近将監・彦部孫次郎・彦部四郎左衛門尉（国直） 四番：彦部松寿
東山殿時代大名外様附（一四九三～九四頃）	三番：彦部左京亮・彦部四郎左衛門尉（国直）・彦部下総守・高黒瀬与一 四番：高尾張守・高弥次郎（師繁）・彦部次郎左衛門尉
貞助記詰衆五番組（一五二一～三五）	三番：彦部 四番：高刑部少輔
岩瀬文庫所蔵室町家日記別録所収五箇番当時伺候衆交名（一五五二～五九）	四番：高伊予守（師宣）
永禄六年諸役人附（一五六六～六七）	三番：彦部孫三郎（輝信）

三）、一三代将軍足利義輝の家臣団を記した『永禄六年諸役人附』には、御小袖御番衆として高師宣の名が見える。

室町期以降は、むしろ庶流の彦部氏の方が宗家を圧倒して栄えたようだ。奉公衆の人数も宗家よりも多い。高惟長の弟惟光の孫光朝から彦部氏を称する。陸奥国菊多郡彦部郷が名字の地である（『彦部家譜』）。

義満時代、彦部忠春は北山殿の金閣建立の作事奉行を務めた。応永二年に義満が出家すると、これに倣って他の諸大名とともに忠春も出家した。永享七年（一四三五）、忠春は八一歳の長命を全うして死去し、死後鹿苑寺塔頭龍華院の開基となった。その子教春は、嘉吉元年（一四四一）に六代将軍足利義教が播磨守護赤松満祐に謀殺されたとき、将軍に殉じて赤松邸で戦死した（以上、『彦部家譜』）。

はるか時を下って戦国期、彦部国直は五摂家筆頭の近衛家を介して足利将軍家と姻戚関係があった。その縁で国直の子晴直は一三代将軍足利義輝の申次衆、晴直の弟輝信（晴直子とする説もある）は奉公衆を務めた。永禄八年、将軍義輝が三好義継・松永久秀に討たれた際、晴直・輝信兄弟も宗家高師宣とともに戦死している（『彦部家譜』および『足利季世記』）。

図23　彦部家住宅

だが晴直の子信勝(のぶかつ)は、関白近衛前嗣(さきつぐ)に従って現在の群馬県桐生(きりゅう)市広沢(ひろさわ)に下向した。そして前嗣の帰京後もその地にとどまり帰農した。江戸時代の彦部氏は農業・織物業を営む名主(なぬし)で、学問にも秀でていた。明治以降も家は存続し、桐生地方の織物業の発展や近代政治に多大な貢献を果たした。現在、彦部家住宅は国指定重要文化財となっている。中世から近代の歴史が凝縮された、非常にユニークな史跡である。現在もご子孫が健在である。

また、高一族は関東においても鎌倉公方に奉公衆として仕えた。鎌倉公方の後身である古河(こが)公方足利成氏(しげうじ)に従った高師久の活躍が比較的知られている。高師久は、建武戦乱で比叡山に捕らえられて処刑された師直弟の師久とはもちろん別人である。系図類に名が見えないので系譜関係は不明であるが、所領を見る限り高師満の子孫であるらしい。

文正元年（一四六六）、関東管領上杉顕定の家臣長尾景人が下野国足利荘に入部した。当時関東管領は、古河公方と敵対していた。文明三年（一四七一）、景人等は足利荘を拠点に周辺の古河公方の勢力圏を攻撃し、樺崎城・赤見城を守っていた南式部大輔父子、八椚城の大高氏以下を捕らえた（〈同年〉五月三〇日付佐野大炊助宛足利義政御内書写、御内書符案および『松陰私語 二下』など）。つまり足利荘には、高一族の勢力が室町後期まで残存していたのである。なお南氏の子孫は、足利荘を占領した長尾氏すなわち足利長尾氏の被官となり、荘内朝倉郷に住んで丸山氏を名乗ったという。

江戸時代には、古河公方足利氏の子孫が喜連川氏を名乗り、下野国の喜連川藩として明治維新まで存続した。その家老に、高氏の末裔とおぼしい高四郎左衛門が見える。慶安元年（一六四八）に起きた喜連川騒動によって、彼は大嶋に流されたという（『寛政重修諸家譜』）。なお本書でずっと前に触れたが、長州藩士国司氏には高師泰の次男師武の子孫という伝承がある。

高師直の信仰と教養

高師直の信仰としては、暦応二年（一三三九）に『首楞厳義疏注経』を開版したことが挙げられる。これは、禅宗のお経である『首楞厳経』の注釈書である。

真如寺創建

しかし特筆されるべきは、やはり何と言っても真如寺（京都市北区等持院北町）の創建であろう。この寺は、もともと弘安九年（一二八六）に臨済尼僧無外如大が師匠の無学祖元の爪髪を奉じ、正脈庵と称したのに始まるという。その後暦応五年、師直が夢窓疎石に依頼し、庵を東隅に移して跡地に寺を建て真如寺と号したとのことである。夢窓は祖元を開山とし、自身は二世となった。

図24　真　如　寺

南北朝～室町時代の真如寺は、京都の十刹のうちに数えられて大いに栄えたらしい。だが寛正二年（一四六一）に火災で焼失した。江戸時代の明暦二年（一六五六）になってようやく後水尾天皇が再興し、現在に至る。

また前述したように結果的に断られたとは言え、師直は臨済宗の高僧虎関師錬に亡母の追悼文の朗読を依頼している。こうして見ると、高師直の信仰は臨済禅に重心を置いている。これは北条氏や足利氏による仏教信仰の動向と一致し、当時の武家の信仰の王道を歩んでいたと言えよう。

なおこれも前述したように、かつて南朝の春日顕信が石清水八幡宮に籠城したとき、師直は一ヵ月間以上もこれに放火することを躊躊している。この事例も併せて考えれば、すでに多くの史書が指摘しているように師直に神仏を敬う信仰心がなかったとは到底言えないのである。

和　歌

師直の和歌としては、まず康永三年（一三四四）一〇月、尊氏・直義以下公武の要人とともに、自筆の短冊和歌を高野山金剛三昧院に奉納した事実が知られる。これが現代に伝わる国宝『高野山金剛三昧院短冊和歌』である。また、北朝の勅撰和歌集である『風雅和歌集』にも入撰している。

師直の曽祖父高重氏も歌人として知られ、『東撰和歌六帖』に二首、『新和歌集』に六首採用された経歴を持つ。主君足利尊氏も生涯に多数の和歌を詠んだ歌人として有名で、すでに足利家家督相続以前の嘉暦元年（一三二六）に勅撰和歌集『続後拾遺和歌集』に一首入撰していたほどである。弟の重茂にも歌才があり、重臣の薬師寺公義も優れた歌人であったことは再三触れたとおりである。

師直は恒常的に和歌が詠まれる環境で生まれ育ち、当時の上級武士層にふさわしい教養あふれる世界に住んでいたと言える。そんな師直が詠んだ和歌として有名であり、筆者も好きな句を紹介しよう。『風雅和歌集』に収められた一首である。

天くだる　あら人神の　しるしあれば　世に高き　名はあらはれにけり

建武五年（一三三八）、北畠顕家を倒したときに摂津国の住吉大社で詠んだ和歌である。難敵を打倒し、室町幕府の政権基盤をいっそう強固にした師直の喜びがほとばしる気宇壮大な歌である。彼の得意満面の笑顔が目に浮かぶようである。

師直は達筆であった。多くの史書が絶賛している。彼の筆跡の写真を掲げたのでご覧いただきたい。

筆跡と花押

また足利義詮の初期の花押が、師直の花押をモデルとしてデザインされたとする指摘もある。義詮と師直がともに活動したのはおよそ一年にすぎない。だが、花押の類似は両者の政治的・精神的な結びつきの強さを示唆するであろう。

以上、高師直の信仰と教養を瞥見した。師直は、「当時の武将としては豊かな教養を持ち、神仏を篤く敬う精神も有していた。決して無学で粗暴な人物ではなかった」と本書冒頭で述べたことがご理解いただけたと思う。また前述したように、『太平記』による師直の一条今出川邸の描写からも彼の文化的素養の高さが窺われるし、高氏庶流の大高重成は足利直義と夢窓疎石による仏教書『夢中問答集』を刊行したことで知られる。同じく庶流の南宗継は絵画の才能があったらしく、かつて清源寺には宗継の自画像と伝えられる絵画が遺されていた。高一族全体の教養も深かったようだ。

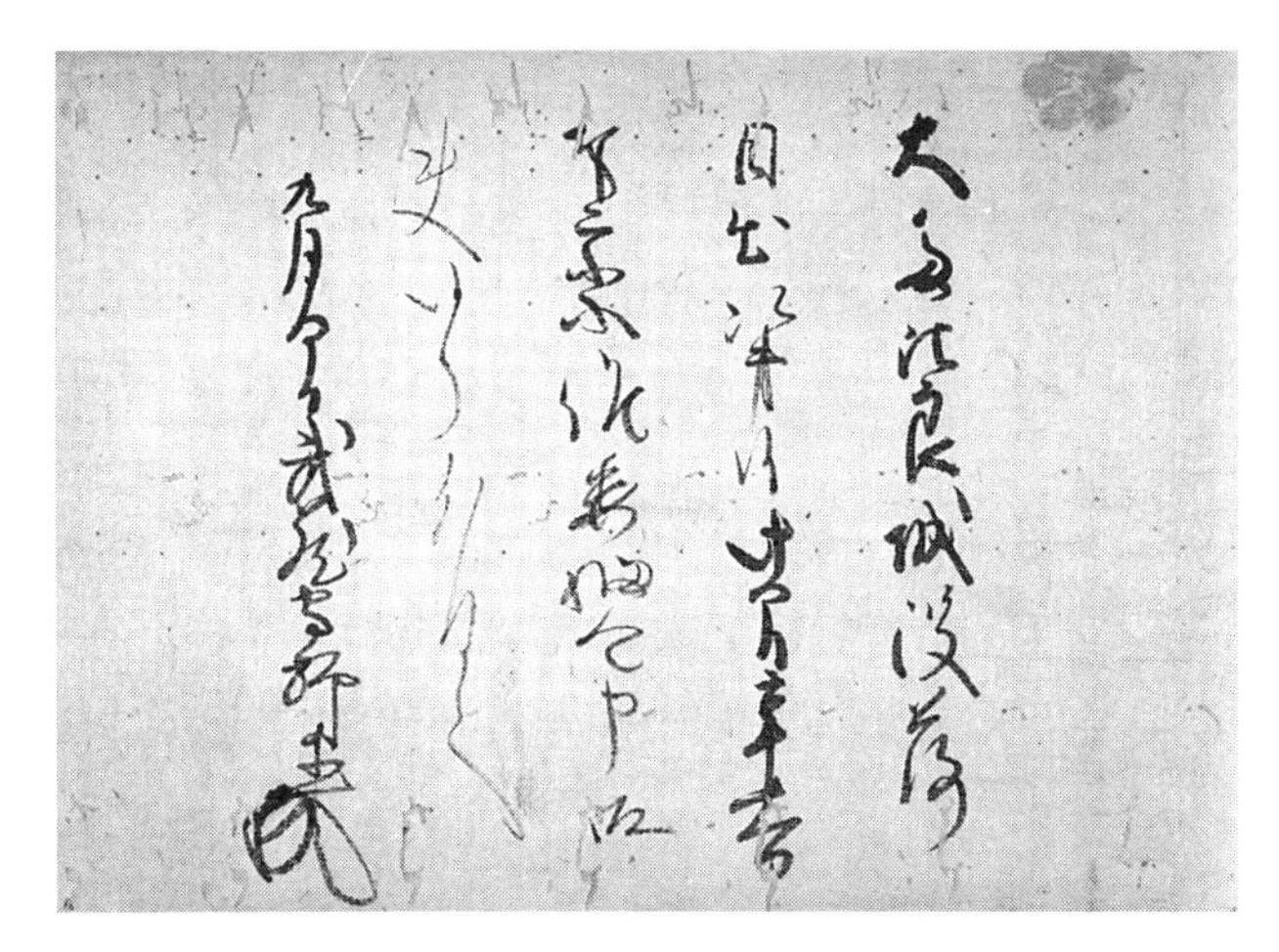

図25　(暦応３年ヵ）９月４日付高師直書状（前田育徳会尊敬閣文庫所蔵）

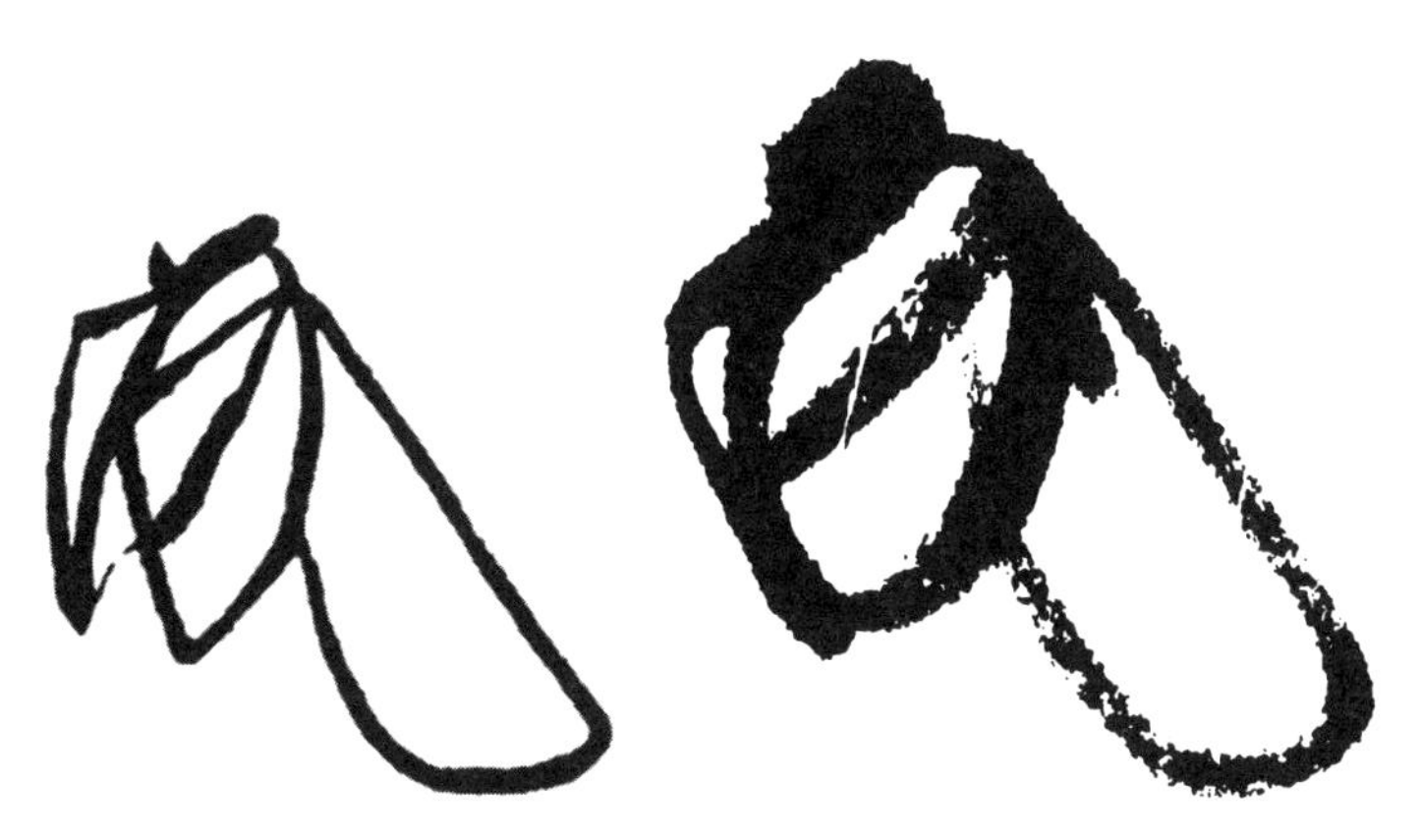

図26　足利義詮初期花押（左），師直花押（右）

高師直の歴史的意義——エピローグ

激烈な生涯

以上、高師直の生涯を紹介した。師直が歴史の表舞台で活躍した期間は二〇年に満たない。しかしきわめて濃密な一生を駆け抜けるように送ったのではないだろうか。まさに激しい戦いの連続であった。最期は非業の死を遂げたものの、足利氏の天下を確立させるために力の限りを尽くした。本人としては悔いのない人生だったように思う。

エピローグでは、高師直を歴史上に意義づける作業を試みたい。師直の生涯を俯瞰すると、次のような疑問が湧き上がってくる。

①　室町幕府において、高師直が強大な権勢を誇ったのはなぜか。

② にもかかわらず、観応の擾乱において急速に弱体化して敗北したのはなぜか。

③ 師直が後世に遺した遺産は何か。

以下、三つの問題を考えてみよう。

佐藤進一氏による定説的見解

考察の前提として、まずは足利直義と高師直の対立に関する佐藤進一氏の定説的見解を紹介しよう。

トップクラスの名門御家人出身である足利直義の政策は、基本的に鎌倉幕府的秩序を尊重し、維持するというものであった。前述したように彼は執権北条義時・泰時時代の政治を理想視し、鎌倉以来の地頭御家人や寺社・公家の権益を法や道理に基づいて保護することを重視した。そのため直義は寺社・公家層をはじめとして、地方の有力な地頭御家人（特に惣領）や足利一門、幕府奉行人層に主に支持された。

一方、高師直の志向は直義の目標ときわめて対照的である。彼は、朝廷や寺社といった伝統的な権威を軽視し、宗教や道徳・法律をも無視して、幕府に味方した武士の権益を拡大することを目指した。悪党と呼ばれた新興武士層を配下に組織して強力な軍団を編成し、彼らが寺社・公家の荘園を侵略することを積極的に推奨した。だから師直は畿内の新興武士層や地頭御家人の中でも庶子に属した武士たち、足利一門でも家格の低い譜代層に主に支持された成り上がり者であった。無論彼自身もそうした成り上がり者であった。

要するに直義は保守的で秩序の維持者、師直は急進的で秩序の破壊者であった。これが対立の原因となったとするのが、佐藤説の骨子である。佐藤説が描く師直像が、『太平記』以来の師直悪玉史観に濃厚に影響されていることは明白であろう。

定説の問題点

佐藤説は、長らく学界における不動の定説であった。しかし、近年ではこの説に対する疑義も徐々に呈されてきている。

第一に、両者の支持層をそこまで明確に区別できるのかという問題がある。たとえば本書でも登場した桃井直常（もものいただつね）。彼は足利直義の熱烈な支持者であり、高師直が敗死した後もずっと反足利尊氏を貫く。尊氏の死去以降もほぼ一貫して反幕府だった武将である。だが彼は足利一門の中でも格式が低い譜代の出身で、奈良般若坂の戦いでも見せたように武闘派の猛将であった。人物類型としては、むしろ定説における師直像に近い。

また同じく直義派の山名時氏（やまなときうじ）も、合戦が非常に強かった武将として有名である。時氏以降も山名氏は、普通の武士以上に容赦なく荘園を侵略する存在として寺社・公家に非常に怖れられた。後に山陰地方を中心に一族で一一ヵ国もの守護分国を集積して「六分一衆（ろくぶんのいちしゅう）」などと称され、警戒した三代将軍足利義満に討伐されたり（明徳（めいとく）の乱）、山名宗全（そうぜん）が応仁・文明の大乱において西軍の総大将として暴れ回ったことも比較的知られているであろう。山名氏は、師直以上に師直的な一族だったのである。

逆にたとえば今川氏は、足利一門でも家格の高い家柄で、駿河・遠江など地方を勢力圏とした。定説では直義派に属しているべき氏族であろう。だが同氏は、擾乱の際には一族を挙げて尊氏派として戦っている。

また、幕府で訴訟等の実務を担った奉行人層はほぼすべて直義派であったとされてきたが、これも検討の余地がある。奉行人粟飯原清胤は、前述したように土壇場で直義を裏切って師直派に転じた。彼はその後義詮の御所奉行となり、文和二年（一三五三）六月に京都神楽岡で戦死する。また鎌倉幕府以来の有能な官僚であった安威資脩という奉行人も尊氏―師直に近く、直義に疎まれて一時失脚していたことを最近森幸夫氏が解明した。

こうして見ると、直義と師直の党派対立に対する佐藤説は例外が多いようである。そもそも「新興武士層」の代名詞とされる悪党に関する研究も、近年非常に進展した。それによれば、悪党という特定の身分や階級が存在したわけではなく、訴訟等で相手に対してレッテルを貼って非難する言葉として悪党の語は使われた。つまり家格の高い伝統的な地頭御家人であっても、状況によっては悪党呼ばわりされる可能性が十分にあったのである。

表2　高一族守護分国

国名	守　　護
山城	高師英(1404〜16)
河内	高師泰(1347〜49)・高師秀(1352〜53)
和泉	高師泰(1347〜49)
伊賀	高師冬(1347〜49)
伊勢	高師秋(1338〜42)
尾張	高師泰(1339〜40)
三河	高師兼(1337〜38)・南宗継(1343)・高師兼(1345〜51)
武蔵	高重茂(1337〜38)・高師冬(1341〜44)・高師直(1346〜51)
上総	高師直(1336〜37)・南宗継(1352)
安房	南宗継(1352)
若狭	大高重成(1338・42・44〜48・51)
越後	高師泰(1337〜38)
佐渡	高師英(1418？〜？)
丹後	高師詮(1352〜53)
但馬	高師詮(1353)
因幡	高師秀(1352)
石見	高師泰(1350〜51)
備中	南宗継(1343〜51)・高師秀(1362)
備後	大平義尚(1349)・高師泰(1350)
長門	高師泰(1350〜51)
土佐	高定信(1347〜51)

(　) 内は守護を務めたと推定される期間（西暦).

となれば、従来の定説はますます揺らぐこととなる。

第二に、師直が強力な軍団を養成していたというのも過大評価はできないようである。すでに述べたように、師直の軍事的権限は基本的に他の守護たちと同格であった。また高師泰（もろやす）が侍所頭人を務めた事実が軍団編成の大きな契機となったと従来は指摘されていたが、実際に彼が侍所だったのは建武年間（一三三四〜三八）のごく一時期にすぎない。

それでは、高一族は室町幕府の一般的な守護と同様に分国を蓄積して代々相伝し、国人（こくじん）を配下に入れることで軍事力を強化したのであろうか。この点を確かめるために、一族が守護に任命された国々を見てみよう。

高一族は嫡庶併せて一三人で、実に二一ヵ国もの守護に就任している。特に高師泰が七ヵ国もの守護に任命されていることが目を惹く。

だがよく見ると守護を務めた期間は、大半が一〜二年のごく短期にすぎない。長期にわたって守護を維持したと言えるのは、南北朝期においては三河・武蔵と南宗継（みなみむねつぐ）の備中の三ヵ国にすぎない。しかも三河は高師兼（もろかね）・南宗継、武蔵は高重茂（しげもち）・高師冬（もろふゆ）・高師直と一族で回しており、同一人物が一貫して守護を務めたわけではない。

その意味で高一族の守護就任は過大評価できないのであり、分国で多数の国人を被官（ひかん）化して強大な軍事力を養成したという室町時代の守護像からほど遠いのである。小川信も、和泉国の田代氏・淡輪(たんのわ)氏・日根野(ひねの)氏といった国人が、細川顕氏(あきうじ)（直義派）→高師泰（師直派）→畠山国清(くにきよ)（直義派）と守護が交代するたびに所属を変えている事例を指摘し、師直派が畿内国人掌握に失敗していることを指摘している。傾聴するべき見解であろう。

もっとも高一族の場合、分国以外の武士を被官化した事例が比較的知られる。師直の重臣で、武蔵守護代などを務めた武家歌人薬師寺公義(きんよし)が畿内出身と考えられることについてはすでに述べた。武庫川辺で師直以下高一族に殉じた大旗一揆の河津氏明(うじあき)は備中国出身。また安芸国人の毛利時親(ときちか)が曽孫を師泰の養子分にしてもらい、彼から一字拝領して「師(もろ)親(ちか)」と名乗らせたという例もある（『萩藩閥閲録』巻一五之一）。ちなみに師直あるいは師泰から偏諱(へんき)を拝領したと推定できる武士としては、他に寺岡師春(てらおかもろはる)・逸見師満(へんみもろみつ)・曽我師助(そがもろすけ)を挙げることができる。

だが、これも後年の将軍家の奉公衆のような高度に組織化された常備軍を想定することは困難であろう。師直たちと人格的に結ばれた緩やかな主従関係と考えるべきではないだろうか。否、見かけと相違して分国に乏しく自前の軍事力が貧弱だったからこそ、彼らはこうした手段に依存せざるをえなかったと見るべきなのかもしれない。

これまたすでに触れたが、四条畷(しじょうなわて)の戦いの際、師直・師泰軍は総勢八万騎の大軍を率いていたが、そのうち師直の直轄部隊は七〇〇〇騎、師泰のそれは三〇〇〇騎だったという。数はもちろん誇張があるが、全軍に占める直轄軍の比率はおおよそこんなものだったのではないだろうか。戦場における師直はあくまでも他の守護たちと同格の一部隊の指揮官であり、執事として全軍の指揮を将軍尊氏から委任されていたにすぎないと考えるべきであろう。

第三に、この説では観応の擾乱の急激な展開をうまく説明できないことが最大の問題であると筆者は考えている。貞和五年（一三四九）八月に師直がクーデターを起こしたときは、大多数の武士が彼を支持して直義を失脚に追いやった。ところが、九州に追い払ったはずの足利直冬(ただふゆ)が活動しただけで形勢は逆転。尊氏—師直は四面楚歌の状況で惨敗を喫し、師直は敗死してしまう。ところがそれから半年も経たないうちに、何もしていないのに直義は急速に支持を失い、尊氏が再逆転する。いくら当時の武士が勝ち馬に乗る存在だったとしても極端すぎる展開である。定説のように両派の支持基盤が明確に異なっているのであれば、これほど頻繁に武士たちの離合集散が起こるだろうか。

そもそも伝統的な武士層と新興武士層の利害対立は、擾乱の結果どうなったのか。この点についても先行研究は、「将軍権力の一元化」という言葉でお茶を濁す。これでは何も語っていないに等しい。両者の対立は具体的にどう止揚され、解決されたのか。これこそ師直の人物像にとどまらない、南北朝政治史最大の問題であろう。

直義と師直の対立、そして観応の擾乱の原因と結果を定説以上にうまく説明できる論理があるのではないだろうか。

合法的手段による利益供与

そこで筆者の見解であるが、足利直義の政策志向についてはどうやら佐藤説で妥当なようである。

問題は師直の立場である。彼が武士の所領を増やすことで、幕府の支持基盤を固めることを目指していたことは確かである。だがそれは、あくまでも極力合法的な手段を用いてであった。具体的には、南朝に味方した敵の武士から所領を没収し、それを恩賞地として将軍尊氏の袖判下文（そではんくだしぶみ）によって配下の武士に給付し、自身が発給する執事施行状（しぎょうじょう）でその執行を諸国の守護に命じるという正当な手続を介してである。確かに前述したように前代鎌倉幕府には執事施行状に類する文書は存在せず、この文書は戦時における非常手段としてなし崩し的に恒常化した側面はあるが、違法の侵略推奨行為とまでは到底言えない。

執事施行状。これこそが、政治家としての高師直の最大の発明であった。そしてすでに述べたように、これを発給する権限を独占したことが、師直が幕閣内で強大な権勢を有した大きな理由であると考える。これが問題①に対する筆者の解答である。

合戦に強い武将なら当時の室町幕府には、師直以外にもたくさん存在した。だが、彼らはそれだけである。高師直は政策レベルで具体的な改革を行い、鎌倉幕府には存在しなかった新たな制度を創造して成果を生み出した。その点において、師直は他の武将たちとは一線を画する改革派政治家だったのである。

加えて前述したように、執事施行状が建武政権における雑訴決断所による綸旨施行を参考に生み出されたものであったことも忘れてはなるまい。突然変異的に出現したのではなく、先輩の諸政権の政治的蓄積を十分に踏まえて誕生した点で、真に独創的な改革であったと評価できるのである。

したがって、南朝方の武士の所領はともかく、北朝―幕府を支持する寺社や公家の荘園を侵略することを積極的に推奨したことは断じてありえなかったと考える。それでは、前述の『太平記』に記された禅僧妙吉（みょうきつ）の讒言（ざんげん）①は何だったのか。繰り返すとおり、これは師直を失脚させるための讒言であることを見落としてはならないであろう。およそ信用に値する逸話ではないのである。

そもそも筆者が執事施行状の発給機関と推定する仁政方(じんせいがた)の「仁政」は、「思いやりにあふれた慈しみ深い政治」という意味である。幕府の他の諸機関には、このような仰仰しい名称を持つものは存在しない。武士たちへの利益給与に、師直が強い正義感や倫理感を有していた気配さえ窺えるではないか。

なお執事施行状の価値は、当初は室町幕府内部においてさえ理解されなかった形跡がある。足利直義が施行状を嫌い、その発給停止を試みたらしいことは前述したとおりである。彼が施行状の有効性に気づいて師直からその権限を奪おうとしたのは、ようやく観応の擾乱直前の貞和五年のことであった。この点からも師直の先見性が窺えるであろう。

得宗専制論の再検討

だが、だとすると前述の問題②、すなわち執事施行状発給の行政手腕を駆使して武士層の絶大な支持を集めていたはずの師直が、観応の擾乱において急速に支持を失って滅亡した理由がわからなくなってくるであろう。

この問題を解明するためには、高師直自身が当時勃興した新しい武士であるという定説を再検討する必要がある。ここでまた佐藤進一氏による得宗専制(とくそうせんせい)論を紹介しなければならない。

得宗専制論とは、鎌倉後期の政治体制を説明する理論である。今述べたように、佐藤氏が最初に提唱した。鎌倉幕府の執権北条氏の嫡流得宗家が専制政治を強化し、御家人以下を冷遇・圧迫した。それが幕府滅亡の大きな要因になったとする、日本史学界では著名な議論である。

この得宗専制を支えたのが、「御内人」と呼ばれる集団である。御内人とは、得宗家の家人・被官を意味する歴史用語である。本来は得宗家の家政運営に従事するだけだったのであるが、得宗専制の進展とともに幕府政治にも進出し、大きな権勢を誇った。

御内人が幕閣内で強大な権力を行使し始めると、本来正規の幕府構成員で特権的な利益を享受していた御家人階層と鋭く対立することとなる。弘安八年（一二八五）に起こった霜月騒動は、有力御家人で得宗家の外戚だった安達泰盛と、本書のだいぶ前の方で言及した、御内人のトップで「内管領」と呼ばれる役職にあった平頼綱の戦いであった。

この戦いで勝利したのが頼綱である。泰盛以下の御家人は多数滅ぼされ、御内人の権力はいっそう増大した。その後も紆余曲折はあったが結果的に御内人の権勢は揺るがず、末期には主君である得宗北条高時の力さえ凌ぎ、事実上幕政を牛耳ったとされる。

これまたすでに触れたように、高氏は「足利家の御内人」で、足利氏の執事であった。

つまり、得宗家における内管領に相当する立場だったのである。高師直悪玉史観の形成には本書冒頭で列挙した理由に加え、鎌倉後期の得宗専制や御内人に対するネガティヴな評価も実は大きく影響していると考えられるのである。事実五味文彦氏は初期室町幕府の体制が得宗専制体制の影響を大きく受けているとして、得宗を将軍足利尊氏、足利直義を公方（＝安達泰盛）、そして執事師直を御内（＝平頼綱）になぞらえている。

この得宗専制論もまた、一時は不動の定説であった。しかし、近年はこれに対する批判も蓄積されている。本書に関連する範囲で紹介すると、細川重男氏が解明したように、実は御内人とは鎌倉幕府の御家人でありながら得宗に臣従した武士であり、御内人になった後も御家人を兼任し続けた。したがって、御家人と御内人を階級的に対立すると見なす定説は誤っていることが判明したのである。

紙数の都合で詳細な考証は省略するが、最近の研究成果も併せて踏まえると、高氏が足利氏の御内人であると同時にれっきとした鎌倉幕府御家人であったことは確実と言ってよいであろう。すなわち、高氏は鎌倉後期に急速に台頭した新興武士と言うよりは、むしろ伝統的な階層に属する武士であったと推定できるのである。

高一族の保守性が窺える要素としては、彼らの所領も挙げることができる。高一族の所領についても紙数の都合で詳細な検討は割愛せざるをえない。しかし先行研究で論じられたことを簡単にまとめると、おおよそ以下のとおりとなろう。

高一族の所領

第一に、これほどの権勢を極めた一族としては保有する所領は少なかった。高一族以上の規模の所領を有する武士は、当時からさほどめずらしくなかった。

第二に、鎌倉以来の足利氏本領である下野国足利荘および三河国額田(ぬかた)郡、あるいは足利尊氏が後醍醐天皇から獲得した新恩所領である武蔵国久良(くらき)郡や日向国・島津荘など、主君足利氏の所領の内から土地を給付された事例が目立つ。

以上から結論づけられるのは、高一族はあくまでも主君足利氏と人格的に密接に結合した武士であり、所領の集積にさほど熱心ではなかったということであろう。敵から没収した莫大な所領を拝領するよりは、基本的に主君の領地から一部を割いて与えられることで満足したのではないだろうか。またこれは、前述の高氏嫡流が名字を持たなかったことや、実質的な守護分国の少なさにも通じる面がある。要するに、高氏は鎌倉期の足利家執事としての体質を、室町幕府発足後においても濃厚に維持したと考えられるのである。

となると高師直に関しては、斬新な政策で恩賞充行を推進した急進性を評価すると同時に、本来の保守的な側面も看過してはならないと考える。結論を先に言えば、観応の擾乱以前の恩賞充行は全体として見れば停滞し、全国の武士の所領要求を満足させたとは言えなかったのである。

師直の限界

康永二年（一三四三）頃制定の室町幕府追加法第一二条は「恩賞遅引（ちいん）」、すなわち恩賞充行の遅れによって所領を拝領できない武士に関する対策を定めた法令である。直義管下の庭中方（ていちゅうがた）という訴訟過誤救済機関が、本来尊氏―師直が担当する恩賞充行に介入することを可能にした。直義と師直の対立が最初に顕在化した康永頃の制定であることも注目できよう。恩賞充行が順調に行われているのであれば、このような法律は制定されない。

また下文を獲得できたとしても、観応の擾乱以前には執事施行状が必ず発給されたわけではなかったようである。施行システムはまだ完全には「制度」化していなかった。出たとしても恩賞地の領有を一〇〇％は保証しなかった。施行状も無敵ではなかったのである。

実は、高師直悪玉史観の大元である『太平記』でさえも、深く読み込めば彼の保守性を窺うことができる。たとえば、桃井直常が反高師直となって足利直義に接近する契機となった逸話を思い出していただきたい。彼が直義派となったのは、建武五年（一三三八）二月の奈良般若坂の戦いにおける軍忠を師直に無視されたからである。この話の真偽はともかくとして、師直が武将の要求を満たせなかったとされる点は看過できない。

たびたび取り上げる妙吉の讒言①も、視点を変えれば幕府がろくに恩賞を配分できていなかった状況の裏返しだと考えられる。恩賞所領をもらえないから、武士たちは寺社や公家が領有する荘園を侵略せざるをえない。その責任が、因果関係をねじ曲げた形で恩賞充行を担当する師直に着せられた。讒言①をこのように解釈することも可能であろう。

加えて、『太平記』巻第二一に記されている逸話も興味深い。琵琶法師が『平家物語』を歌い、紫宸殿に飛来した怪鳥鵺を射落とした褒美に、源頼政が上皇からとびきりの美女を拝領した話を病床の師直に聴かせたことがあった。家人たちが「美女よりも所領や引出物をもらえばよかったのに」と感想を述べると、師直は「お前たちはまったく不当なことを言うものだな。おれはこれほどの美女は、国の一〇ヵ国ばかり、所領二、三〇ヵ所を代わりに献上してでも給わりたいものだ」と言い放ったという。

これは塩冶高貞の妻に横恋慕するエピソードの前振りとして出てくる逸話であり、師直の女性好きを物語るものとして知られている。だが先祖代々足利家の執事を務め、主君の所領内部から得分を得ることだけで満足していた師直は、所領を増やしたがる武士たちの気持ちを案外本気で理解できなかったのではないだろうか。

鎌倉幕府的秩序を尊重する点において、高師直は政敵の足利直義と実はほぼ同じ立場にいたと筆者は考えている。本書の考察から浮かび上がってくる彼の実像は、鎌倉以来のめぐまれた武士の家に生まれ育って古い価値観を持っているにもかかわらず、新しい時代の変化に適応するためにギリギリ合法の範囲内で無理をして奮闘する政治家の姿である。ここに高師直悪玉史観は完全に崩壊した。

結論は以下のようになろう。高師直は将軍尊氏の恩賞充行袖判下文発給業務に関与し、また執事として施行状を発給して下文の実現に努めたために、確かに諸国の武士の広範な支持を集めて発言力を強化した。だが一方では、鎌倉期以来の足利家執事高氏の伝統的・保守的性格を濃厚に継承していたことも作用して、幕府に味方した武士全員の利益分配には失敗し、恩賞から漏れた武士たちの不満を高めた。そうした武士たちが師直の権勢を警戒する足利直義に接近して党派を形成し、足利直冬をいかに処遇するべきかという問題（直冬を排除したい尊氏―師直と一門の武将として厚遇したい直義との対立）と連動したことによって観応の擾乱が勃発した。その経過で師直の守旧的な側面が露呈し、敗北に至った。これが問題②に対する筆者の解答である。歴史全体を見渡した場合、優れた改革派政治家高師直といえども過渡的で未完成の側面を有していたと評価できるのである。

しかしながら、そうした限界面を差し引いても高師直の改革者としての業績は不朽であろう。師直は秩序の破壊者ではない。新しい秩序の創造を目指した政治家だった。その点に彼の歴史的意義が存在するのである。

管領制度

恩賞を配下の武士に適正に分配し、幕府の政権基盤を固める。師直が大いに進展させたものの完全には達成できなかったこの政策課題は、彼の死後に宿題として室町幕府に残された。基本的に師直の打倒と直冬の栄達および寺社本所領の保護に気を取られていた足利直義は、恩賞配分こそが最重要の課題であることを見抜けなかった。そのため将軍尊氏の恩賞充行権を温存させるミスを犯して、武士の支持を急速に失った。

結局、恩賞問題の解決は擾乱に最終的に勝利した将軍足利尊氏—義詮父子にゆだねられることとなった。彼らは師直期以上のペースで下文と施行状を大量に発給し、この課題を克服した。観応三年（一三五二）九月一八日には室町幕府追加法第六〇条が制定され、下文施行状の遵守が定められた。ここに施行状は事実上完全に「制度」化し、公式に幕府体制に組み込まれたのである。

その後の幕府制度の詳細な展開は省略するが、結論だけ言えば評定（ひょうじょう）・引付方（ひきつけかた）といった直義が管轄した鎌倉幕府以来の訴訟機関は消滅ないし形骸化する。そして下文↓施行状↓守護遵行状↓……という執事高師直が創始した新しい命令系統が、幕府の基軸のシステムとして定着するのである。観応の擾乱における真の勝者がどちらであるか、もはや言うまでもないであろう。

貞治六年（一三六七）一一月、細川頼之が三代将軍足利義満の執事に就任した。頼之は施行状を発給する権限を執事に一元化し、引付方を執事の機関である仁政方に吸収してその権限を行使した。これは、高師直が掌握していた権限にほぼ等しい。室町幕府は試行錯誤の末、開幕当初の師直の体制に回帰したのである。この体制が現実的にもっとも有効だったからにほかならない。

執事と引付頭人の権限を合体させた細川頼之は、やがて「管領」と呼ばれるようになった。管領制度の確立である。細川・斯波・畠山の足利一門三守護家が交代で管領を務める体制および管領施行状は、微修正を繰り返しながら応仁・文明の乱まで継続した。すなわち全盛期の室町幕府の体制は、かなりの部分を高師直の遺産に依存していたのである。これが問題③に対する解答である。なお師直は、結果的にではあれ足利義詮に将軍職を継承させることに成功した。これも彼の政治的成果に数えてよいであろう。

守屋家旧蔵本騎馬武者像

本書の最後に、守屋家旧蔵本騎馬武者像に関する議論を紹介しよう。現在は京都国立博物館が所蔵するこの騎馬武者像は、かつて足利尊氏を描いたものとするのが定説であった。しかし戦後、荻野三七彦氏によって尊氏説への疑問が呈され、さらに藤本正行・下坂守両氏がこの像主を高師直とする説を発表した。それらの論拠を簡単に紹介すると、以下のとおりとなる。

騎馬武者像の上に足利義詮の花押が据えられている。父の肖像画の上に子が花押を記すという非礼を犯すわけがない。

太刀の柄と馬具の四方手に花輪違の紋が描かれている。前述したように、これは高氏の家紋である（なお、高一族は通常の輪違紋も併用したらしい）。

以上の論拠などから、下坂氏は足利氏のために犠牲となって全滅した高一族の怨念を鎮魂するために、晩年の義詮がこの絵を制作させたと推定した。また藤本氏は、師直の十七回忌の法要に際して遺族がこの絵を制作し、師直の武勲を顕彰する意味で義詮が花押を据えたとした。

その後黒田日出男氏が、像主を師直の子息師詮とする説を提唱した。師詮説の最大の根拠は、像主の年齢である。下坂説のように観応二年二月の摂津国打出浜の戦い直後の師直

図27　花輪違紋

最晩年の姿を描いたのだとすれば、像主は若すぎるというのである。師直説に対してはほかに加藤秀幸氏の批判も存在し、騎馬武者像の像主比定問題は現在も決着していない。
　筆者個人の見解を述べれば、この騎馬武者像はやはり高師直だと考える。

図28　騎馬武者像（京都国立博物館所蔵）

年齢の問題については、個人的にはさほど違和感は感じない。師直ほどエネルギッシュな人物であれば、五〇代でこのような風貌だったとしても不自然ではない気がする。最晩年の姿を描いたとする下坂氏の見解も不動ではない。顕彰目的で騎馬武者像が制作されたのであれば、執事として辣腕を振るっていた壮年の師直が描かれた可能性もあるのではないだろうか。そもそも高師直は、年齢不詳の人物である。

また、高師詮を三〇代と推定するのも検討の余地があるだろう。師詮が擾乱以前には史料に一切現れないことや義詮から偏諱を賜っていることを考慮に入れれば、討ち死にしたときの彼は元服間もない一〇代の少年だった可能性が高いのではないだろうか。

何より眼光が鋭く、強烈な意志を有していることを窺わせるその容姿。まさに一流と評するにふさわしい。日本史上でもこれほど立派な武将の肖像は稀ではないだろうか。清水克行氏が指摘するように、この絵が足利尊氏であるとされていた時代には傲岸不遜な印象を与え、尊氏逆賊論をいっそう補強する結果を皮肉にも生み出した。だが、像主がひとかどの人物であることには変わりあるまい。

観応の擾乱以前には政界にまったく関与せず、初陣で戦死してしまった師詮には、失礼ながらこれほどの風格は出せないであろう。やはり建武以来数多くの大会戦を指揮し、軍事に政治に文化に大活躍して顕著な業績を挙げた室町幕府執事高師直こそ、この絵の主にふさわしいと考える。

最後は研究者にあるまじき憶測と願望を吐露してしまった。だが、ひとまずはこれでこの偉大な武将の伝記を擱筆したいと思う。

あとがき

大学の卒論演習で、卒業論文に歴史上の人物の伝記を書きたいと先生方に申し上げたら、「まずは実証的な研究をしっかり成し遂げてからにしなさい」と優しくも厳しいご指導をいただいたのが昨日の出来事のように思える。そんな筆者が、今歴史上の人物の伝記を公開する。何だか不思議な気分である。

筆者にとって初の一般向け歴史書である前著『南朝の真実—忠臣という幻想—』（吉川弘文館、二〇一四年）は、幸いにして多くの方々に好意的に受け入れられたようである。貴重なご意見を多数いただいたが、次は高師直の伝記を読みたいとのご要望が少なからずあった。

考えてみれば、高師直の伝記は管見の限り今までなかったようである。本書で詳述したように、南北朝時代初期に彗星のように出現して大活躍をした武将であるから、この時代を扱った歴史書では必ずと言ってよいほどその事績が言及される。また彼の禅宗信仰や和歌・筆跡などの教養も古来知られているし、先祖たちについても少しずつ研究が進展している。だが師直を主人公とした伝記は、繰り返すようにいまだ存在しない。これほど強烈な個性が突出して奥が深い人物であるにもかかわらず、師直について体系的に論述した書物がないのは誠に残念である。

加えて筆者は本来、高師直の室町幕府執事としての権限を解明することを専門の研究テーマとしていた。その成果をすでに『室町幕府管領施行システムの研究』（思文閣出版、二〇一三年）として刊行している。しかしこれは学術専門書であり、一般の歴史愛好家の方々にはなじみがなく、自身が解明した新知見を伝える一般向けの本をいつか書きたいとも常に考えていた。

そのようなときに、執筆の打診をいただいた。またとない機会であり、即座に承知して執筆を開始した。こうした経緯で誕生したのが、この高師直の伝記である。

本書の元となったのは、平成一七年（二〇〇五）六月一三日に京都ラ・ボール学園日本史講座で「高師直―管領制度の先駆者―」と題して行った講演である。しかし、これは一〇年も前のものである。現在よりも研究者として未熟で、誤りや漏れが多かった。実質的には一から調べ直して新たに書き下ろしたに等しい。

執筆の方針としては、前作と同様わかりやすさとおもしろさを目指した。同時に学術研究の基本文献としての利用にも堪えるように、特に高一族の事績に関してはできる限り典拠史料の出典を明示するように心がけた（ただし守護職の在職徴証に関してはあまりに煩雑となるので、師直以外は割愛した）。また和歌や肖像画など、多くの読者に興味関心を持ってもらえそうな分野も可能な限り言及し、高師直に関する基礎的情報を網羅したつもりである。これらの目標が果たしてどこまで達成されているのかは心許ないが、ともかく全力を尽くして執筆した。

本書によって、高師直という魅力的で巨大な人物の知識が一般の方々に広まって、師直や彼が生きた南北朝時代史のファンが少しでも増えてくれれば幸いである。また政治・外交・経済等で混迷の度合いを深める現代日本をめぐる諸問題の解決に、わずかでもヒントになることができればとも願っている。

なお当時の高一族は盟主師直だけではなく、多数の武将が活躍していた。また庶流や部下もなかなか興味深い足跡を残している。彼らについては紙数の都合もあって多くを割愛せざるを得なかった。いずれ高一族全体の治績を紹介することも期している。

最後に、本書の執筆に際して筆者の質問に丁寧にご教示くださった、日本中世史研究者で高一族および上杉一族の専門家である山田敏恭氏と、前著に引き続いて本書の作成に尽力された吉川弘文館編集部の石津輝真氏に改めてお礼を申し上げます。

二〇一五年三月二三日

亀田俊和

主要参考文献

新井孝重「黒血川以後の北畠顕家」（『獨協経済』八七、二〇〇九年）
岩元修一「開創期の室町幕府政治史についての一考察―北朝との関係を中心に―」（『古文書研究』二〇、一九八三年）
上島　有「室町幕府文書」（赤松俊秀他編『日本古文書学講座4　中世編Ⅰ』雄山閣出版、一九八〇年）
上島　有「折紙の足利尊氏袖判文書について」（同『足利尊氏文書の総合的研究　本文編』国書刊行会、二〇〇一年、初出一九八七年）
小川剛生『武士はなぜ歌を詠むか―鎌倉将軍から戦国大名まで―』（角川学芸出版、二〇〇八年）
小川　信「南北朝内乱」（『岩波講座日本歴史6　中世2』岩波書店、一九七五年）
小川　信「高師直の職権活動とその権限」（同『足利一門守護発展史の研究』吉川弘文館、一九八〇年、初出一九七八年）
海津一朗「東国観応擾乱と武蔵守護代薬師寺公義―高師直の武蔵支配と豊島氏―」（岡田清一編『河越氏の研究』名著出版、二〇〇三年、初出一九八八年）
笠松宏至「二条河原落書の世界―後醍醐の政治―」（『朝日百科　日本の歴史　第5巻　中世Ⅱ』一九八九年）
亀田俊和『室町幕府管領施行システムの研究』（思文閣出版、二〇一三年）

亀田俊和『南朝の真実—忠臣という幻想—』(吉川弘文館、二〇一四年)
川平敏文編注『近世兼好伝集成』(平凡社、二〇〇三年)
黒田日出男「騎馬武者像の像主—肖像画と『太平記』—」(同編『肖像画を読む』角川書店、一九九八年)
呉座勇一「南北朝〜室町期の戦争と在地領主」(同『日本中世の領主一揆』思文閣出版、二〇一四年、初出二〇一二年)
小谷俊彦「源姓足利氏の発展」(『近代足利市史　第一巻　通史編』、一九七七年)
小林吉光「足利氏の三河支配」(『新編岡崎市史　中世』、一九八九年)
小林吉光「南北朝の動乱」(右所掲自治体史)
五味文彦「執事・執権・得宗—安堵と理非—」(石井進編『中世の人と政治』吉川弘文館、一九八八年)
小要　博「発給文書よりみたる足利義詮の地位と権限」(上島有編『日本古文書学論集7　中世Ⅲ　南北朝時代の武家文書』吉川弘文館、一九八六年、初出一九七六年)
小要　博「関東管領補任沿革小稿—その(一)—」(黒田基樹編『関東管領上杉氏』戎光祥出版、二〇一三年、初出一九七八年)
佐藤進一「鎌倉幕府政治の専制化について」(同『日本中世史論集』岩波書店、一九九〇年、初出一九五五年)
佐藤進一「室町幕府開創期の官制体系」(右所掲同氏著書、初出一九六〇年)
佐藤進一「室町幕府論」(右所掲同氏著書、初出一九六三年)

佐藤進一『南北朝の動乱』（中央公論社、一九七四年、初出一九六五年）
佐藤進一『室町幕府守護制度の研究　上―南北朝期守護沿革考証編―』（東京大学出版会、一九六七年）
佐藤進一『室町幕府守護制度の研究　下―南北朝期守護沿革考証編―』（東京大学出版会、一九八八年）
佐藤博信「足利義詮の花押について」（同『中世東国の支配構造』思文閣出版、一九八九年、初出一九八二年）
清水克行「「御所巻」考―異議申し立ての法慣習―」（同『室町社会の騒擾と秩序』吉川弘文館、二〇〇四年）
清水克行『足利尊氏と関東』（吉川弘文館、二〇一三年）
新行紀一「守護と奉公衆」（『新編岡崎市史　中世』一九八九年）
鈴木登美恵「太平記「塩冶判官讒死之事」をめぐって」（『中世文学』二六、一九八一年）
瀬野精一郎『足利直冬』（吉川弘文館、二〇〇五年）
田坂泰之「室町期京都の都市空間と幕府」（『日本史研究』四三六、一九九八年）
田中奈保「高氏と上杉氏―鎌倉期足利氏の家政と被官―」（田中大喜編『下野足利氏』戎光祥出版、二〇一三年、初出二〇〇五年）
羽下徳彦「室町幕府侍所考」（小川信編『室町政権』有精堂、一九七五年、初出一九六三年・一九六四年）
長谷川端「足利直義と高師直」（『國語と國文学』平成二十年四月号、二〇〇八年）
彦部家編『彦部家の歴史　改訂版』（群馬出版センター、二〇一三年）

福田豊彦「室町幕府の奉公衆体制」(同『室町幕府と国人一揆』吉川弘文館、一九九五年、初出一九八八年)
細川重男『鎌倉幕府の滅亡』(吉川弘文館、二〇一一年)
三浦孝太郎「大高重成論―高一族沿革考証のうち―」(『東海史学』一二、一九七七年)
峰岸純夫「藤原姓足利氏の興亡」(『近代足利市史 第一巻 通史編』一九七七年)
峰岸純夫「鎌倉公方と足利荘」(右所掲自治体史)
森 茂暁「高一族と室町幕府」(『史淵』一一三、一九七六年)
森 茂暁「建武政権」(同『増補改訂 南北朝期公武関係史の研究』思文閣出版、二〇〇八年、初出一九七九年)
森 茂暁「北朝と室町幕府」(右所掲同氏著書、初出一九八四年)
森 幸夫「奉行人安威資脩伝」(『鎌倉』一一六、二〇一四年)
山田邦明「千葉氏と足利政権―南北朝期を中心に―」(同『鎌倉府と関東―中世の政治秩序と在地社会』校倉書房、一九九五年、初出一九八八年)
山田敏恭「高一族の相剋―鎌倉期から南北朝期の高氏・南氏・大高氏の基礎的考察―」(『ヒストリア』二〇六、二〇〇七年)
山田敏恭「足利家時置文再考」(『人文論究』五八―一、二〇〇八年)
湯山 学「高氏」(今谷明他編『室町幕府守護職事典 上巻』新人物往来社、一九八八年)

著者紹介

一九七三年、秋田県に生まれる
一九九七年、京都大学文学部史学科国史学専攻卒業
二〇〇三年、京都大学大学院文学研究科博士後期課程歴史文化学専攻（日本史学）研究指導認定退学
二〇〇六年、京都大学博士（文学）
現在、国立台湾大学日本語文学系助理教授

主要著書
『室町幕府管領施行システムの研究』（思文閣出版、二〇一三年）
『南朝の真実―忠臣という幻想―』（吉川弘文館、二〇一四年）
『観応の擾乱―室町幕府を二つに裂いた足利尊氏・直義兄弟の戦い―』（中央公論新社、二〇一七年）

歴史文化ライブラリー
406

高師直
室町新秩序の創造者

二〇一五年（平成二十七）八月一日　第一刷発行
二〇一七年（平成二十九）十一月二十日　第二刷発行

著者　亀田俊和（かめだとしたか）
発行者　吉川道郎
発行所　株式会社 吉川弘文館
東京都文京区本郷七丁目二番八号
郵便番号一一三―〇〇三三
電話〇三―三八一三―九一五一〈代表〉
振替口座〇〇一〇〇―五―二四四
http://www.yoshikawa-k.co.jp/
印刷＝株式会社 平文社
製本＝ナショナル製本協同組合
装幀＝清水良洋・宮崎萌美

ISBN978-4-642-05806-3

歴史文化ライブラリー

1996. 10

刊行のことば

現今の日本および国際社会は、さまざまな面で大変動の時代を迎えておりますが、近づきつつある二十一世紀は人類史の到達点として、物質的な繁栄のみならず文化や自然・社会環境を謳歌できる平和な社会でなければなりません。しかしながら高度成長・技術革新にともなう急激な変貌は「自己本位な刹那主義」の風潮を生みだし、先人が築いてきた歴史や文化に学ぶ余裕もなく、いまだ明るい人類の将来が展望できていないようにも見えます。このような状況を踏まえ、よりよい二十一世紀社会を築くために、人類誕生から現在に至る「人類の遺産・教訓」としてのあらゆる分野の歴史と文化を「歴史文化ライブラリー」として刊行することといたしました。

小社は、安政四年(一八五七)の創業以来、一貫して歴史学を中心とした専門出版社として書籍を刊行しつづけてまいりました。その経験を生かし、学問成果にもとづいた本叢書を刊行し社会的要請に応えて行きたいと考えております。

現代は、マスメディアが発達した高度情報化社会といわれますが、私どもはあくまでも活字を主体とした出版こそ、ものの本質を考える基礎と信じ、本叢書をとおして社会に訴えてまいりたいと思います。これから生まれでる一冊一冊が、それぞれの読者を知的冒険の旅へと誘い、希望に満ちた人類の未来を構築する糧となれば幸いです。

吉川弘文館

歴史文化ライブラリー

中世史

列島を翔ける平安武士 九州・京都・東国 —— 野口 実
源氏と坂東武士 —— 野口 実
熊谷直実 中世武士の生き方 —— 高橋 修
頼朝と街道 鎌倉政権の東国支配 —— 木村茂光
鎌倉源氏三代記 一門・重臣と源家将軍 —— 永井 晋
鎌倉北条氏の興亡 —— 奥富敬之
三浦一族の中世 —— 高橋秀樹
都市鎌倉の中世史 吾妻鏡の舞台と主役たち —— 秋山哲雄
源 義経 —— 元木泰雄
弓矢と刀剣 中世合戦の実像 —— 近藤好和
騎兵と歩兵の中世史 —— 近藤好和
その後の東国武士団 源平合戦以後 —— 関 幸彦
声と顔の中世史 戦さと訴訟の場景より —— 蔵持重裕
運 慶 その人と芸術 —— 副島弘道
乳母の力 歴史を支えた女たち —— 田端泰子
荒ぶるスサノヲ、七変化 〈中世神話〉の世界 —— 斎藤英喜
曽我物語の史実と虚構 —— 坂井孝一
親 鸞 —— 平松令三
親鸞と歎異抄 —— 今井雅晴
神や仏に出会う時 中世びとの信仰と絆 —— 大喜直彦
神風の武士像 蒙古合戦の真実 —— 関 幸彦
鎌倉幕府の滅亡 —— 細川重男
足利尊氏と直義 京の夢、鎌倉の夢 —— 峰岸純夫
高 師直 室町新秩序の創造者 —— 亀田俊和
新田一族の中世 「武家の棟梁」への道 —— 田中大喜
地獄を二度も見た天皇 光厳院 —— 飯倉晴武
東国の南北朝動乱 北畠親房と国人 —— 伊藤喜良
南朝の真実 忠臣という幻想 —— 亀田俊和
中世の巨大地震 —— 矢田俊文
大飢饉、室町社会を襲う! —— 清水克行
贈答と宴会の中世 —— 盛本昌広
中世の借金事情 —— 井原今朝男
庭園の中世史 足利義政と東山山荘 —— 飛田範夫
出雲の中世 地域と国家のはざま —— 佐伯徳哉
土一揆の時代 —— 神田千里
山城国一揆と戦国社会 —— 川岡 勉
中世武士の城 —— 齋藤慎一
武田信玄 —— 平山 優
歴史の旅 武田信玄を歩く —— 秋山 敬
戦国大名の兵粮事情 —— 久保健一郎
戦乱の中の情報伝達 使者がつなぐ中世京都と在地 —— 酒井紀美

歴史文化ライブラリー

戦国時代の足利将軍——山田康弘
名前と権力の中世史 室町将軍の朝廷戦略——水野智之
戦国貴族の生き残り戦略——岡野友彦
鉄砲と戦国合戦——宇田川武久
検証 長篠合戦——平山 優
織田信長と戦国の村 天下統一のための近江支配——深谷幸治
よみがえる安土城——木戸雅寿
検証 本能寺の変——谷口克広
加藤清正 朝鮮侵略の実像——北島万次
落日の豊臣政権 秀吉の憂鬱、不穏な京都——河内将芳
北政所と淀殿 豊臣家を守ろうとした妻たち——小和田哲男
豊臣秀頼——福田千鶴
偽りの外交使節 室町時代の日朝関係——橋本 雄
朝鮮人のみた中世日本——関 周一
ザビエルの同伴者 アンジロー 戦国時代の国際人——岸野 久
海賊たちの中世——金谷匡人
アジアのなかの戦国大名 西国の群雄と経営戦略——鹿毛敏夫
琉球王国と戦国大名 島津侵入までの半世紀——黒嶋 敏
天下統一とシルバーラッシュ 銀と戦国の流通革命——本多博之

近世史

神君家康の誕生 東照宮と権現様——曽根原 理
江戸の政権交代と武家屋敷——岩本 馨
江戸の町奉行——南 和男
江戸御留守居役 近世の外交官——笠谷和比古
検証 島原天草一揆——大橋幸泰
大名行列を解剖する 江戸の人材派遣——根岸茂夫
江戸大名の本家と分家——野口朋隆
赤穂浪士の実像——谷口眞子
〈甲賀忍者〉の実像——藤田和敏
江戸の武家名鑑 武鑑と出版競争——藤實久美子
江戸の出版統制 弾圧に翻弄された戯作者たち——佐藤至子
武士という身分 城下町萩の大名家臣団——森下 徹
旗本・御家人の就職事情——山本英貴
武士の奉公 本音と建前 江戸時代の出世と処世術——高野信治
宮中のシェフ、鶴をさばく 江戸時代の朝廷と庖丁道——西村慎太郎
馬と人の江戸時代——兼平賢治
犬と鷹の江戸時代 〈犬公方〉綱吉と〈鷹将軍〉吉宗——根崎光男
紀州藩主 徳川吉宗 明君伝説・宝永地震・隠密御用——藤本清二郎
江戸時代の孝行者 「孝義録」の世界——菅野則子
死者のはたらきと江戸時代 遺訓・家訓・辞世——深谷克己
近世の百姓世界——白川部達夫
闘いを記憶する百姓たち 江戸時代の裁判学習帳——八鍬友広

歴史文化ライブラリー

江戸の寺社めぐり 鎌倉・江ノ島・お伊勢さん——原 淳一郎
宿場の日本史 街道に生きる——宇佐美ミサ子
江戸のパスポート 旅の不安はどう解消されたか——柴田 純
〈身売り〉の日本史 人身売買から年季奉公へ——下重 清
江戸の捨て子たち その肖像——沢山美果子
江戸の乳と子ども いのちをつなぐ——沢山美果子
歴史人口学で読む江戸日本——浜野 潔
それでも江戸は鎖国だったのか オランダ宿 日本橋長崎屋——片桐一男
エトロフ島 つくられた国境——菊池勇夫
江戸時代の医師修業 学問・学統・遊学——海原 亮
江戸の流行り病 麻疹騒動はなぜ起こったのか——鈴木則子
江戸幕府の日本地図 国絵図・城絵図・日本図——川村博忠
都市図の系譜と江戸——小澤 弘
江戸の地図屋さん 販売競争の舞台裏——俵 元昭
近世の仏教 華ひらく思想と文化——末木文美士
江戸時代の遊行聖——圭室文雄
松陰の本棚 幕末志士たちの読書ネットワーク——桐原健真
幕末の世直し 万人の戦争状態——須田 努
幕末の海防戦略 異国船を隔離せよ——上白石 実
江戸の海外情報ネットワーク——岩下哲典
黒船がやってきた 幕末の情報ネットワーク——岩田みゆき
幕末日本と対外戦争の危機 下関戦争の舞台裏——保谷 徹

文化史・誌

落書きに歴史をよむ——三上喜孝
霊場の思想——佐藤弘夫
四国遍路 さまざまな祈りの世界——星野英紀・浅川泰宏
跋扈（ばっこ）する怨霊 祟りと鎮魂の日本史——山田雄司
将門伝説の歴史——樋口州男
藤原鎌足、時空をかける 変身と再生の日本史——黒田 智
変貌する清盛 『平家物語』を書きかえる——樋口大祐
鎌倉 古寺を歩く 宗教都市の風景——松尾剛次
空海の文字とことば——岸田知子
鎌倉大仏の謎——塩澤寛樹
日本禅宗の伝説と歴史——中尾良信
水墨画にあそぶ 禅僧たちの風雅——高橋範子
観音浄土に船出した人びと 熊野と補陀落渡海——根井 浄
殺生と往生のあいだ 中世仏教と民衆生活——苅米一志
〈ものまね〉の歴史 仏教・笑い・芸能——石井公成
浦島太郎の日本史——三舟隆之
戒名のはなし——藤井正雄
墓と葬送のゆくえ——森 謙二
仏画の見かた 描かれた仏たち——中野照男